"新学堂" 我们的教育理想

新学堂

中国微波之父
中国科学院院士 林为干题

电子科大附小所获赞誉

从康校长的发言中，我感觉到这是一位有着深刻的、系统的教育思想的校长，说实在话，其实我理想中的校长应当是这样的一个校长……我觉得他不仅有教育思想，而且有教育策略……他强调要变讲堂为学堂，这点很好。

——傅国亮（教育部基础教育司原副司长、国家督学、时任《人民教育》杂志总编）

其实啊，人的秉性是千差万别的。不可能用一个模子去塑造，用一把尺子去衡量。著名的教育家陶行知曾经说过："培养教育人和种花木一样，首先要认识花木的特点，区别不同情况给予施肥、浇水和培养教育，这叫做因材施教。"刚才我们看到的成都市的这所小学校，其实就是在因材施教。它所传递的是一种理念，是对学生个性的尊重，是对教育规律的尊重，而这一点正是教育成功的前提。

——欧阳夏丹（中央电视台1套《晚间新闻》主持人）

近几年，电子科大附小致力于素质教育，特别是让小朋友们都"动起来"，这项有益的探索在全国产生了很大的影响，这个方向是非常对的。电子科大支持附小搞这样的改革，支持附小进行这样的探索，希望附小能坚持下去。

——王志强（电子科技大学党委书记、中共十八大代表）

康永邦 著

大夏书系·学校领导力

学校也可以这样办

Xuexiao ye Keyi
Zheyang Ban

华东师范大学出版社

全国百佳图书出版单位

图书在版编目（CIP）数据

学校也可以这样办 / 康永邦著 . —上海：华东师范大学出版社，2014.3

ISBN 978 - 7 - 5675 - 1899 - 5

Ⅰ . ①学 … Ⅱ . ①康 … Ⅲ . ①办学经验—研究 Ⅳ . ① G47

中国版本图书馆 CIP 数据核字（2014）第 051821 号

大夏书系·学校领导力

学校也可以这样办

著　　者	康永邦
策划编辑	朱永通
审读编辑	周　莉
封面设计	奇文云海·设计顾问
责任印制	殷艳红

出版发行	华东师范大学出版社
社　　址	上海市中山北路 3663 号　邮编　200062
网　　址	www.ecnupress.com.cn
电　　话	021 - 60821666　行政传真　021 - 62572105
客服电话	021 - 62865537
邮购电话	021 - 62869887　地址　上海市中山北路 3663 号华东师范大学校内先锋路口
网　　店	http：//hdsdcbs.tmall.com/

印 刷 者	北京季蜂印刷有限公司
开　　本	700×1000　16 开
印　　张	16.5
插　　页	1
字　　数	235 千字
版　　次	2014 年 5 月第一版
印　　次	2020 年 5 月第五次
印　　数	13 101—16 100
书　　号	ISBN 978 - 7 - 5675 - 1899 - 5 /G·7261
定　　价	35.00 元

出 版 人	王　焰

（如发现本版图书有印订质量问题，请寄回本社市场部调换或电话 021-62865537 联系）

目　录

引　言

　　"一颗新星"在祖国大西南基础教育领域冉冉升起，它就是成都市成华区电子科技大学附属实验小学。

　　近几年国内外上百个团体到学校参观、考察或调研，如教育家办学思想高端交流研讨会代表访问团、美国中小学校长教育访问团、英国谢菲尔德教育访问团、斯洛文尼亚及马来西亚华人校长代表团、中国台湾校长教育访问团等国家或地区教育界友好人士。

　　近几年上百家媒体持续关注电子科技大学附属实验小学并大量介绍学校的教育成果。《人民日报》《人民教育》相继报道学校"儿童健康是评价学校教育质量的第一标准"的教育观念；2011年11月，中央电视台在1套《晚间新闻》栏目和新闻频道《新闻直播间》栏目、《共同关注》栏目分别于早晚黄金时段五次报道康校长和他的学校；上海电视台、东方卫视在2014年开播的中国基础教育纪录片《我的人生我的课》里专题报道学校改革；香港《大公报》曾两次在重点版面大篇幅详尽推介学校个性化教育办学特色。

　　校长康永邦应邀在全国10个省20多个地市州数十所学校评课、举办讲座、作学术报告。康校长睿智的思维、独到的见解、新颖的观点、创新的理论，每每给同行们带去清新的气息，引起强烈共鸣，好评如潮。

　　学校美誉度迅速提升，社会影响力不断扩大。2009年一个学期，咨询就读的家长已近千人。2010年计划招生6个班，因报名人数太多，扩招至最大容量9个班后仍有许多孩子被遗憾地留在校门之外……

　　"忽如一夜春风来，千树万树梨花开。"真的仿佛在一夜之间，电子科大附小一个个崭新的教育观念、一项项实实在在的改革成果通过电视台、报纸，通过网络，通过学术交流讲台，通过教育界同行，通过家长和已毕业的、未毕业的学生的口碑进入千家万户，传遍四面八方。"电子科大附小现象"正引起越来越多的人的关注。

2009年10月，时任教育部部长的周济在听取电子科大附小教育改革情况汇报后认为，学校的教育改革做得不错，评价学校"很有吸引力"。北京师范大学著名教授、中国教育学会时任会长顾明远说："看了中央电视台关于成都市成华区电子科大附小推行素质教育的报道，我感到非常高兴。小学教育是打基础的教育，要打好儿童身心健康发展的基础、与人交往社会化的基础、终身学习的基础。既要培养学生全面发展，又要促进学生个性化发展。电子科大附小重视素质教育，锐意改革创新，开展多种课程和活动，因材施教，给每个学生提供适合的教育，使学生学得快乐，学得活泼，这个经验值得推广。"

这可不是"沉睡数千年，一醒惊天下"的三星堆，这只是一所与国内千千万万所普通小学一样的学校啊！

人们想知道这所与别的小学表面相似，却又有着深层差异的学校，究竟"特"在哪里。

人们想了解创造"电子科大附小现象"的灵魂人物——校长康永邦和他卓越的团队魅力何来。

人们想探究这所学校继承与变革、学习与创新的奋斗历程，更想探究这所学校的教育思想、教育价值取向及其实施策略。因为知识经济时代需要"优先发展教育"，需要基础教育"办好每一所学校，教好每一个学生"（《基础教育课程改革纲要》），需要来自教育最前沿的、最新鲜的、充满活力的、富有生命力的理论与实践。

参观访问过这所学校的不少专家、学者、同行都有一种共同感受：这是一所以创新驱动变革、促进发展，践行素质教育的学校。人们更想知道，校长康永邦是如何破解素质教育中的诸多难题的。

以上内容是记者们撰写的关于电子科大附小教育改革与创新文稿中的一些文字，放在本书的前面，作为引言。

感谢朋友们对电子科技大学附属实验小学的关注与厚爱，希望凭借这本小书与更多的朋友分享我对当代学校教育的一些思考、一些尝试，分享学校生活的情趣、愉悦与欢乐。

第一章

为什么办学校

★ 1. 校长的教育思想是怎样形成的?

★ 2. 校长的教育思想是真实的吗?

★ 3. 校长的教育思想是如何影响学校的?

为什么办学校？学校到底要培养什么样的人？

这是我一再追问自己的问题。因为这些问题的答案拷问的是校长的教育思想和价值追求——既是一所学校的起点，又是成功的"彼岸"。

如果说"校长是一个学校的灵魂"，那么校长的教育思想则是"灵魂"的"灵魂"，是办好一所学校的理论基础与指导方针。随着全社会文化水平的提高，许多学问逐渐成为常识，唯有"思想前所未有地成为个人和社会最珍贵的资本"（埃德加·莫兰）。校长的教育思想是指校长关于教育的一系列观点，其核心是教育价值观。因为校长的教育价值取向决定了教育的目的，直接引领着一所学校的教育追求，是一所学校发展个性和办学特色的原创动力，决定着一所学校的成败。

我对教育的认识有一个较长的实践、体验、学习与探索的孕育过程。

萌芽在瘠土中

在区里组织的一次演讲中，我曾说起过对教育的最初理解。我生长在一个贫困山区的小山村，祖祖辈辈都走不出"因贫困而愚昧，因愚昧而贫困"的怪圈，其根源之一就在于我家乡的父老乡亲缺乏优质的教育。"认真读书，争取将来回家乡当个好老师"，就是我职业理想的萌芽。后来，我上小学了，我知道了我国古代的四大发明。再后来，我上初中、高中了，上中师了，上大学了，当老师了，我更知道我们的文明古国虽然发明了人类历史上第一撮火药，却让帝国主义的火炮轰开了国门。我们的文明古国虽然发明了第一张纸，却在上面签订了一系列屈辱的不平等条约。后来的某一天，我读到了一篇介绍上个世纪末的最后一天中国所发生的大事的文章："1899 年 12 月 31 日江西提学使王同愈正在南昌主持科举考试，考秀才的经解试题是'虎变虎视虎尾解'，诗题是'赋得蟹眼已过鱼眼生'，得茶字五言八韵……"这可是为大清国选拔栋梁的题目。然而就在大清国的知识精英发愤于"虎视虎尾"、"蟹眼鱼眼"时，程序控制计算机问世于美国，原子核物理学诞生于法国，经典电子论创立于荷兰，现代遗传学肇始于欧洲……这就是近代中国屡受外国列强欺凌的根源之一——教育羸弱！从大的方面看，教育具有提升人的素质，改造社会的功能，它关系到一个国家的兴衰；从小的方面看，它关系到一个村庄的前途，一个家庭的幸福和一个人的成长及命运。今天教育的弱点，就是国家明天的隐患——这也是我对教育认知的一次升华。

我在教育领域工作的经历说得上丰富：当过县级实验小学语文和数学教师；当过县教育局教研室教研员和成都市成华区教师进修学校教研员；当过双语学校（九年制）校长、国际高中学校执行校长；编过教育部西南大学版小学数学新教材。现任成都市成华区教师进修学校党支部书记，几年前开始兼任电子科技大学附属实验小学校长。我了解中小学教育的全过程，因为了解，我曾为基础教育中的种种积弊而彷徨并深深地担忧。在追求升学率、高分数的中小学教育价值取向的影响下，基础教育异化为"升学准备教育"，为应试而教，为应试而学，为应试而管理。好成绩、高分数成了不少教师、学生和家长的唯一目标和最高质量的评价标准。教师成了班级的主宰，课堂变成了老师控制下的对孩子进行外塑性的"说教"。沉重的课业、汹涌的题海、超强的训练、恶性的竞争……让教师和学生都不堪重负。学生的个性被抑制，创造力被扼杀，成长被扭曲，身心健康受到严重损害，基础教育危机重重。许许多多教育界的有识之士开始对"应试教育"进行反思。

记得在十年前的一次答记者问时，我曾表达过这样的观点：反思我们的教育，"高控制、高约束、高服从"的育人方式必然培养出趋同性、模仿性和依赖性强的学生。这样的学生缺乏的是主体精神和创新精神，是没有竞争力的。我是一个对教育充满危机感和忧患意识的人，只要思想上认识到了问题，就一定会在实践中一搏，直到寻求到满意的答案。我先在自己任教的班级或学校探索减轻学生负担、提高教学效率的途径，期盼尊重学生人格、关注学生健康成长、促进学生素质全面发展的教育，开始追求一种充满生命活力和创新精神的教育境界。新的教育观念在我工作过的南江县实验小学、成都市成华区教研室、成都市猛追湾双语学校的教育实践中萌生、成长并逐渐明晰起来。

站在巨人肩头

在教育实践中，对教育事实和现象进行分析、研究、反思与总结，概括出新的理论、新的观念，是形成校长教育思想的基础。而继承传统教育思想中的精华部分，并在高级形态上吸收、复活，从历史与现实的角度审视教育，可使校长的教育思想更加深邃而丰满。

中国的教育源远流长，一代代教育理论与实践的先行者给我们留下了丰厚的思想遗产。最为经典的当属以孔子为代表的儒家学派。我从教科书中接触到古代的一些教育主张，并在思想深处刻下了深深的印记："大学之道，在明明德，在亲民，在止于至善。"（《礼记·大学》）一个人自身要有光明的道德，治民要发扬善性，要关爱人民，达到儒家伦理道德的至善境界，这就是最高的育人标准。又如"性相近，习相远"，这是最早从人性的角度探讨人的遗传素质及环境对人个性发展的影响的观点；"有教无类"蕴含着公平教育观；"学不可以已"蕴含着终身学习观；"道而弗牵则和，强而弗抑则易，开而弗达则思。和易以思，可谓善喻矣"则体现了尊重学生自主自觉的进取心，重视学生的学习本能、思维本能，开启学生思路，鼓励学生自己主动学习知识、增长才能及建立融洽和谐的师生关系，带给学生民主平等思想的观念；等等。这些教育观念穿越两千年时空，闪耀着永恒的教育哲理的光芒，依然活跃在今日教坛而不衰，是因为这些精辟的论述符合教育规律，蕴含人生哲理，倡导积极向上，它所体现的基本教育价值观通常不会随着时间的变化而变化或消亡。仔细想想，今天的每位老师，今天的每位校长，谁的教育思想中没有刻下孔子等古代教育家经典思想的烙印？

我在电子科大附小的办公室里悬挂着一幅书法作品，上书"因材施教"四个大字。孔子创造的这个最古老的教育方法，是变化着的教育界中恒久不变的原则，至今仍指导着现代教育的方方面面，焕发着鲜活的生命力。与这条原则相关联的短语，如适合学生的教育、尊重个性、适应差异、全面发展与个性化成长、分类指导、特长教育、特色课程、多元人才观等，每一个词语都涉及当代教育理论和实践中一个重要命题。我常常惊异于大师精神不朽！

到了近、现代，中国教育界的一些知识精英在理论上也颇有建树。前北大校长蔡元培是我国最早提出儿童本位的教育家，他主张以儿童个性为出发点，使其自由发展；提倡学生自动、自助、自学，教师只居于引导与辅助地位。"人民教育家"陶行知主张"教学做合一"，鼓励儿童用眼睛看、用耳听、用脑想、动手做、知行合一，注重培养儿童的创新精神和实践能力。他强调爱孩子、尊重孩子、信任孩子。他提醒教师："你的教鞭下有瓦特，你的冷眼里有牛顿，你的讥笑中有爱迪生。你别忙着把他们赶跑，你可不要等到坐火轮、点电灯、学微积分，才认识他们是你当年的小学生。"他认为："真正的教育必须培养出能思考、会创造的人。"

　　我十分推崇这些先辈并从他们的教育思想中吸取营养，对活跃在当今教坛的一些教育大师如叶澜、魏书生等的著述更是爱不释手。每当遇到学校教育教学中的棘手问题时，就从这些教育论著中寻求理论支撑。我认为，校长作为一所学校的引领者，一定要研究中国教育发展史，了解中国教育思想的发展脉络。没有学习与继承的教育思想犹如无本之木，无源之水，缺乏根基，难以长成枝繁叶茂的理论之树。没有发展与创新的教育思想缺乏活的灵魂，是封闭、僵化、停滞的理论，自然没有生命力。新时期的校长要敢于站在一代代思想巨人的肩头，吸收他们的思想精华，在学习中发展，在继承的基础上创新，逐步形成自己的教育思想，才能站得高，看得远，走得稳。有自己的教育理论观念和明晰的教育价值观的校长，才称得上理智的学校改革设计师、引领师生实现教育理想的灵魂人物，才称得上"教育家型"的校长，否则只能是一个普通的甚至庸碌的管理者。

世界教育经验的融合

　　我们正处在全球一体化和以科技经济、头脑经济、人才经济为标志的知识经济时代，"地球村"的脚步更为急促，教育国际化的浪潮猛烈地拍打着国门。教育理论、教育制度、办学模式、课程内容、教学方法、教育技术等教育资源的跨国流动越来越快。相互交流、沟通、碰撞、融合与合作的程度不断升级。我的书架上有不少介绍发达国家教育理论的专著，这些书为我学习、借鉴国际教育先进经验与前沿的科研成果架设了桥梁。我每天都会挤一点时间（哪怕只有20—30分钟），坚持阅读中外教育家的名著，并对一些主要内容做一些笔记，以下分享一些我十分认同的观念。

　　美国教育家杜威——"如果学生不能筹划他自己解决问题的方法，自己寻找出路，他就学不到什么；即使他能背出一些正确的答案，百分之百正确，他还是学不到什么。"

英国教育家尼尔——"让学校适应学生，而不是让学生适应学校"；"孩子的本性必须受到应有的尊敬"；"要让孩子们自由发展它们的潜能"；"自己管理有关集体和生活的重要事情"；"情感教育是最有生气的。假如只发展头脑而压制感情，生活便失去活力、变得无价值和丑恶"。

德国教育学家恩雅·瑞格——"让孩子在学习中感受到生活和生命的美好，引导每一个学生把自己的能力发挥到极限，并使每一个学生都建立起稳定的自信心和团队精神。"

美国当代心理学家卡尔·罗杰斯——"只有学会如何学习和学会如何适应变化的人……才是真正有教养的人。在现代世界中，变化是唯一可以作为确立教育目标的依据……"

苏联教育家苏霍姆林斯基——"使我们的每一个学生选择一条生活道路，不仅有一块够吃的面包，而且能获得生活的欢乐，有自尊感。"

法国杰出的思想家、教育家埃德加·莫兰——"……未来的教育面对这个普遍的问题，因为一方面，我们的知识是分离的、被肢解的、箱格化的；而另一方面，现实或问题愈益成为多学科的、横向延伸的、多维度的、跨国界的、总体性的、全球化的。这两者之间的不适应，变得日益宽广、深刻和严重。"

美国教育家小威廉姆E·多尔——"什么是设计后现代课程的标准呢？我们可用什么标准来评价后现代课程的质量呢——一种形成性的而不是预先界定的，不确定的但却是有界限的课程……我建议可由四R，即丰富性、回归性、关联性和严密性，服务于这一目的。"

这些享誉世界的教育巨匠们睿智的教育思想常常引起我的强烈共鸣。再想想今天国内正在进行的一些科研项目、教学改革，其理念都可以从这些教育家的思想中找到蛛丝马迹，找到共同的灵感。

学习、借鉴西方发达国家的教育经验有三个层次：一是照抄照搬。这是最低层次，是一种缺乏理性、不顾国情校情、急功近利的方式，且有失去自我、盲目接收，甚至有仰视一些发达国家的"教育话语权"之嫌。二是模仿嫁接。这是基于自己的教育发展需求，有选择、契合地区或学校实际的学习与引进，因为理论是具有地缘性的。三是融合与创新。学习、借鉴别国的经验必须扎根于民族文化传统，根据中国现代化建设及国家教育发展战略的导向，以科学理性的态度，以开放的胸怀主动地、有选择地吸纳与融合国际教育的先进思想和优质教育资源，对中国民族教育进行反思，从而推进本地区本学校的教育改革与实践，并在这个过程中丰富、发展自己的教育思想，革新自己的教育价值观，从而创新发展具有中国特色的现代学校制度及办学模式。这是我们应该采取的一种正确的方式。

当教育学撞上其他学科

广泛阅读是丰富校长教育思想的有效途径。我还在念中师的时候，就注意到知识界一个有趣的现象——不同学科的嫁接、交叉、综合，往往诞生一个新的学科。比如教育哲学、教育社会学、社会生物学、教育心理学、系统科学与教育、教育统计学、教育经济学、教育生态学、教育文化学、教育信息学、教育技术学、教育美学等概莫能外。因而在后来的教育实践中则注意运用多门学科知识多视角观察教育，往往对不少教育事实和办学难题看得更透彻，理解得更深刻，也更容易找到新的应对之策。

我喜欢数学，理科背景使我养成严谨而富有逻辑的思维习惯和探究隐藏在各种教育现象背后的本质特征的习惯。而广泛的阅读、浏览教育专业领域之外的书籍，使我"跳出教育看教育"，从其他学科的视角，借助其他学科的原理和方法为教育解难。

校长读哲学，可从哲学的视角，研究教师和学生，探索教育教学规律，将个别、局部的教学经验上升到理论的高度，从而打破局限。尤其是哲学具有的"批判性"、"反思性"特点可帮助校长进行自我批判、自觉反思，从而更开放、更理性、更深刻地认识教育的本质，创新教育理论。学校是个"微型社会"，校长读读专门研究人类活动的特殊运动形态——"群体和社会"的社会学，对于处理办学制度、人际管理及学校与家庭、学校与社区的关系一定大有裨益。电子科大附小组建学校智囊团，实施学校、家庭、社区、企业、各级管理部门和新闻媒体共同关注参与、携手合作的"大教育观"，正是得益于社会学观念的启示。

心理学则是校长的必修课。有人提出了这样一个观点：心理学的发展，可能是打开教育学黑箱的一把钥匙。心理学探索人的内心世界，从早期亚里士多德的灵魂三分（植物的灵魂只有滋长的功能；动物的灵魂除具有营养生长功能外，还具有感觉运动的功能；人的灵魂是最高级的灵魂，具有理性的认识功能），到当代的普通心理学（研究感知、记忆、思维、情感、意志、个性等心理活动的一般规律），无不与教育教学活动密切相关。比如，以马斯洛为代表的人本主义心理学派，强调人有独立的人格，有发展自身的潜能，并提出了"自我实现"这个概念，创造了"需要层次理论"。他最精彩的论点是："自我实现也许可以大致描述为充分利用和开发天资、能力、潜力等等。这样的人似乎在竭尽所能，使自己趋于完美。"这一观点对当前教育改革特别是对学生主体、个性化发展、个性化学习、自我实现等提供了理论支持。建构主义心理学观对教学中重视学生的认知过程，关注学生对知识的自我创造，具有很大的理论启示意义；行为主义心理学观告诉我们环境对学生学习的影响及对儿童积极强化的意义和方法等。随着心理学对人类自身认识的深入，它必将焕发人的更大潜能，或许给教育带来颠覆性的改变。

校长读读历史与文学可以丰富人文思想。不懂历史就不懂爱国、惜民、育人，就不能对身边的学生有悲悯仁爱的人文之心。对自己国家的历史都不明白，又何谈知识文化的教育功能？灾难深重的中华民族是怎样走过来的你都不知道，又怎样用文化去唤起他们的子孙有爱国之心呢？你又有什么资格去宣传引导民众呢？

校长读唐诗宋词和四大古典名著，读高尔基、托尔斯泰、莎士比亚、雨果等世界文学大师的著作，浏览当代文学作品，不仅能滋养人的高雅气质，细致饱满的情感，提升个人的谈吐，而且通过观察分析现实世界的人和审美世界中的人，能加深对人的理解特别是对人的内心世界的感悟，这无疑能为成就他的教育之梦增添新的动力。

校长读读关于未来学的著作，对教育工作颇有警醒和启示作用。未来学常借助多门学科的知识，对急剧变化的世界作出震撼性的预测。比如，罗马俱乐部丹尼斯·梅多斯博士指导撰写的一份名为"增长的极限"的报告，重不过千克，却让全球都感受到人口、能源、环境诸问题的沉重压力。托夫勒在《第三次浪潮》中预测以电子工业、宇航行业、海洋工程、遗传工程为骨干的工业群将成为推动社会进步的主要力量，电子邮政、无纸办公、电子商务、个性化生产，将走进人们的生活。二十年后他的预言的确实现了，波涛汹涌的科技信息革命的浪潮已猛烈地冲击着全世界各个国家、每个家庭。麦克卢汉关于"地球村"的观念已基本变成现实。校长从事的就是未来工程。邓小平同志说，教育要面向未来，今天的孩子就是国家和民族未来的主人。因而，校长一定要高瞻远瞩，一定要有未来观，而未来学正好帮助我们透视未来。

教育有太多的未知领域，我们想象一下，再过十年、二十年、一百年、一千年，人类将在宇宙探索、生物工程、信息技术、生命科学、人类学、遗传学等诸多领域取得辉煌的成果，将给教育带来翻天覆地的变化。校长要随时问问自己：我的学生在十年、二十年后还能在飞速发展变化的社会上立足吗？

任何一部好的专著，背后都是一个知识的汪洋大海，学术的汪洋大海，只要品读，都会受到启迪，受到陶冶，读书应该成为校长的习惯。

广博的阅读兴趣，直接对准目标的快速阅读方式，可以丰富校长的知识结构，其教育理论素养、教育思想观念会更有广度，更有深度，更加灵动而丰富，破解教育教学中的冲突与困局往往游刃有余，妙招频出。

在交流中升华

交流与对话，是我比较喜欢的一种学习先进教育思想的方式。在担任电子科技大学附属实验小学校长的短短几年中，学校教育质量迅速提升，知名度越来越高，与外界的交流也更为频繁。交流与对话的范围有区内区外的、市内市外的、省内省外的、国内国外的；交流的对象，有院士也有贫困山区的同行，有省部级领导也有基层学校的老师，有大企业的总裁也有街边摊主。

下面的一组数据，比较具体地反映了我们学校近年来与外界交流的情况：

（1）学校接待来访团体 5000 人次以上；

（2）校长应邀对外作经验交流报告、学术报告上百场；

（3）学校领导与教师访问过国内外数十所中小学。

常有人问，作为一个拥有 3 个校区的教育集团总校长和有 5 所学校 7000 多名学生的教育联盟盟主，为什么要在百忙之中挤出时间用于交流与对话？我认为有以下三条理由：

第一，校长的教育思想、教育策略不是从天上掉下来的，交流与对话，就是活的源头之一。

第二，思想产生思想。"想成为世界上最强的人，你就得同世界最强的人对话。"教育领域有许多难题还没有解决的办法，有许多教育教学中的"黑箱"尚未开启，与强者交流、对话，必然会有思想观念的碰撞与交锋，碰撞产生灵感，激活思路，迸发思想火花，往往产生新的思考角度、新的观点，找到解决难题的新方法。因为"先进的教学经验在交流中弘扬，正确的教学理念在争论中被认识，创新的教学理论在交锋中闪耀光芒"。

第三，美国学者罗兰·罗伯森在论及全球化问题时曾说：全球化应该视为一种从民族文化向世界文化以及从世界文化向民族文化的双向循环、不断往复的过程。同理，一个人一所学校与外界交流也是一个双向循环，不断往复的过程，在这个过程中思想观念会不断流动，不断吐纳，不断积累，不断融合，不断升华，不断革新。

国家战略的导向

教育起源于人类生存与发展的需要，虽然教育不能直接解决现代社会生存与发展中的种种问题，但却能潜在地影响社会的变革。因此教育必然具有促进人的全面发展和社会进步的功能。教育也就必然同一个国家一个民族的兴衰存亡紧密地联系在一起，教育是任何民族和国家发展的基石，是世界各国在国际竞争与合作中占据优势的重要战略。例如：美国教育委员会1983年作的《国家处在危险之中：教育改革势在必行》的报告，从国家安危、未来前途的高度对本国教育进行自我批评："我们社会的教育基础现在已经被涌起的平庸浪潮所侵蚀，这威胁着我们国家和民族的未来。这一代之前令人难以想象的事情已经出现——其他国家已赶上并超过了我们的教育成就……我们实际上正在不假思索地进行一场单方面的教育裁军。"

2010年7月29日，我国颁发《国家中长期教育改革和发展规划纲要（2010—2020）》（以下简称《纲要》）勾勒出国家未来10年教育改革发展的蓝图。《纲要》提出了"优先发展、育人为本、改革创新、促进公平、提高质量"20字工作方针，并把坚持以人为本、全面实施素质教育作为改革发展的战略主题，把提高质量作为教育改革发展的核心任务。这是提高国民素质，培养创新人才，应对世界多极化、经济全球化的机遇与挑战，实施科教兴国、人才强国的国家战略。

几 声 警 钟

有几则警示性的文字，加深了我对教育的认识，提升了我对学校价值观的理解，让我印象深刻，犹如警钟敲响在心灵深处。

一、两个预言

（1979）6月，中国曾派一个访问团去美国考察初级教育。回国后，访问团写了一份三万字的报告，在见闻录部分，有四段文字：

（1）学生无论品德优劣、能力高低，无不趾高气扬、踌躇满志，大有"我因我之为我而不同凡响"的意味。

（2）小学二年级的学生，大字不识一斗，加减乘除还在掰手指头，就整天奢谈发明创造。在他们手里，让地球调个头好像都易如反掌似的。

（3）重音、体、美，而轻数、理、化。无论是公立还是私立学校，音、体、美活动无不如火如荼，而数、理、化则乏人问津。

（4）课堂几乎处于失控状态。学生或挤眉弄眼，或谈天说地，或跷着二郎腿，更有甚者，如逛街一般，在教室里摇来晃去。

最后，在结论部分是这样写的：美国的初级教育已经病入膏肓。可以这么预言，再用二十年的时间，中国的科技和文化必将赶上和超过这个所谓的超级大国。

同年，作为互访，美国也派了一个考察团来中国。他们在看了北京、上海、西安的几所学校后，也写了一份报告，在见闻录部分，也有四段文字：

（1）中国的小学生在上课时喜欢把手端在胸前，除非老师发问时，举起右边的一只，否则不轻易改变；幼儿园的学生则喜欢将手背在后面，室外活动时除外。

（2）中国的学生喜欢早起，七点钟之前，大街上见到最多的是学生，他们喜欢边走路边用早点。

（3）中国学生有一种作业叫"家庭作业"，据一位中国老师解释，它是学校作业在家庭的延续。

（4）中国把考试分数最高的学生称为学习最优秀的学生，他们在学期结束时，一般会得到一张证书，其他人则没有。

在报告的结论部分，他们是这样写的：中国的学生是世界上最勤奋的，也是起得最早、睡得最晚的，他们的学习成绩和世界上任何一个国家的同年级学生比较，都是最好的。可以预测，再用二十年的时间，中国在科技和文化方面，必将把美国远远地甩在后面。

二十五年过去了，美国"病入膏肓"的教育制度共培养了五十多位诺贝尔奖获得者和近两百位知识型的亿万富豪，而中国还没有一所学校培养出一名这样的人才。两个考察团的预言都错了。

（《新环球时讯》2006年3月22日，作者：刘雁文）

二、钱学森的困惑

1992年，钱老给当时的国务委员李铁映写信："……先不说高等教育、职业技术教育，单说我们的义务教育，真是令人担忧。我的唯一孙儿，小学也是在名牌小学读的，但真令我失望，感到他的教育没有使他聪明，而是越学越笨！这怎么得了呵！我看我们教育界也要'换脑筋'。"还有引起全社会广泛关注的钱学森之问——"为什么我们的学校总是培养不出杰出人才？"

三、诺贝尔奖获得者的提醒

华裔美籍诺贝尔奖获得者朱棣文说："中国的学校过多地强调学生书本知识的学习和书面应试能力，而激励学生的创新精神则显得明显不足。"

华裔美籍诺贝尔奖获得者杨振宁说："中国留学生学习成绩往往比美国学生好得多，然而，十年以后，科研成果却比人家少得多。原因就在于，美国学生思想活跃，动手能力和创造精神强。"中国学生"在考场上得心应手，在实验室手足无措"。

四、一个著名的悖论

"……一方面，中国学生无论在数学成绩国际比较中，还是在国际奥林匹克数学竞赛中，表现都优于西方学生；另一方面，许多西方研究者发现，中国学生的学习环境不太可能产生'好的'学习。比如，教授单一讲授、低认知水平及频繁考试等，被形容为'被动灌输和机械训练'。"

"其实，这个悖论不难解释。一个基本事实是，考试成绩似乎永远只是考试成绩而已，中国学生在终点上的平庸表现，使人不得不对'学习环境'产生怀疑——为什么中国在近半个世纪以来（或更长时间）对世界的原创性贡献与人口比例远不相称？"

（《人民教育》余惠娟/文）

五、令人担忧的现实

（1）儿童体质健康较为堪忧。

（2）儿童情感素质极不乐观。

（3）儿童创新能力、想象能力排名世界靠后。

这些问题和忧虑无异于给教育工作者敲响了声声警钟。

学校的价值取向

我经过多年的学习、实践、积累、选择、融汇并不断地根据现代教育的发展变化、对教育领域的许多问题进行深层次地缜密思考与反思、逐渐地形成较为系统的一些理论观点，特别是关于小学教育的思想和价值观。这些观念，有学习体会，有共识性的观念，有自己的独立思考。

——"立德树人"是学校教育的根本任务，学校因育人而开办，学校制度因育人而制定，课程因育人而设立，教师职业因育人而存在。学校的一切教育教学行为都是为促进每一个学生全面而有个性的发展服务的。

——教育是培育人的素质的过程，人的素质包括先天的素质和后天的素质，先天素质取决于遗传因素，取决于优生优育；后天素质取决于环境因素，取决于教育水平。教育可以培养和提升人的素质，可以创造一个优良的、高素质的社会环境，不仅提高当代人的素质水平，而且改善下一代人的遗传素质，通过遗传基因和后天教育实现代际改善，使新一代公民体魄更加强健，人格更为完善，思维更为敏捷，创造精神和实践能力有更良好的发展，以避免种族逐代退化的危险。因而，"素质教育"、"终身教育"是时代的诉求，"基础教育应是国民素质教育，全面提高国民素质是国家使命"。它关系到一个大国的崛起，一个民族的永续发展，因而是学校教育恒久的主题。

——"人"是校园的核心。教书育人就必须采用道德的、公平的、人性化的、个性化的，自主自觉的方式，而不是"工具化的"、"标准化的"、"物化的"方式。要激励学生独立思考，让学生有尊严地、有自由地、自主地学习，因为"所有外在强迫都不具有教育作用，相反，对学生精神害处极大；只有导向教育的自我强迫，才会对教育产生效用"（雅斯贝尔斯）。我们应倡导自主自觉式的教育，要充分尊重学生的遗传素质，自主性和个体的特殊性；要信任每一个学生，使儿童时时感到自己是会不断进步的人，自己的未来充满希望，要让孩子体验到学习的乐趣、创造的乐趣和学校生活的乐趣；运用恰切的方式构建学生丰富的知识系统、良好的思维系统、活跃的创新系统、积极的情感系统、正确的价值系统。

——教师与学生之间表现出来的教与学的相互关系是学校教育活动的重要特征，随着教育教学改革的推进，师生关系由严师转向伙伴，由操控转向合作，由权威转向对话，由塑造转向培育，从而建立民主、平等、和谐的新型师生关系是育人趋势。教师是理性的引领者，智慧的启迪者，学习的指导者，学生则是自主的探索者，积极的思考者，主动的创造者。建立和谐的师生关系，教育教学才有真爱、真情，才有触动心灵的交流和充满智慧的对话，从而使每一项教学行为变得更有价值。

——以追求人的尊严与幸福为终极目标的课程教学改革的过程就是重建

课堂文化的过程。围绕"立德树人，促进学生发展"这个主题，课堂文化建设还有诸多问题需要寻求新的答案。因为小小的课堂联系着过去（文明的传承），联系着现在（人的社会化），联系着未来（开拓人生、开创未来社会），是学校育人的最重要的文化环境。课堂要通向智慧，要让生活进入课堂，要让文化进入课堂，要让思维进入课堂，要让人性进入课堂。

——创新是驱动学校发展的不竭动力。要在管理机制、培养模式、课程体系、建设学习型、创新型教师队伍等方面大胆探索，有新的突破。封闭意味着干涸与僵化，开放的校园，开放的课堂才有清新的空气自由流淌，才有人性的勃勃生长，才有学术的博弈与自由的交流，才有激发创造精神的生态环境，才有灵动的想象空间，才有情感培育的土壤。对民族教育教学传统要进行反思，要重新认识，要继承优秀的传统教育文化，扬弃封闭、僵化的理论与方法，一些古老而有生命力的教育法则要根据时代的发展进行改革与创新；善于学习和借鉴人类创造的具有普遍价值的先进理念和新鲜经验；尊重教师在教育教学实践中创造的新方法、新观念。教育是综合性极强的科学，它需要多门学科的支撑，需要多种先进技术的支撑，需要人类智慧的大融合。

——社会性是人的本质属性。政治经济因素往往左右着儿童发展的水平和方向。学校在设计、组织、实施各项教育活动时，其着眼点和着力点应有利于儿童学会学习、学会创造、学会选择、学会生活、有利于培养与提高学生的整体素质，形成较强的生存能力，为学生将来适应社会需要，为学生终身的发展，拥有幸福的人生打下良好的基础。

——教育是人类社会持续前进的动力，同时社会又制约着教育发展，教育无法超越它所依存的社会条件。因此教育的最终目的即它所培养的人的发展必须与社会需求相统一，人的社会价值的实现和自我价值的实现相统一，个人发展目标、家庭教育目标、学校培养目标必须与国家教育发展战略目标相统一。小学教育是奠基工程，但小学教育如果仅对小学生的六年负责，那将是短视的、缺乏前瞻性的、不负责的教育。小学教育要以儿童的明天为目标，以面向现代化、面向世界、面向未来的战略眼光和博大胸怀为导向，在学习能力、实践能力、思维能力、创新能力、综合素质多方面为学生持续发展奠定基础，为上一级学校输送高质量的学生，并为学生最终成为服务国家、服务人民、推动社会进步的合格公民，高素质劳动者或拔尖创新型社会精英人才奠定基础。

——恩格斯关于人的发展进程有著名的"两个缩影"说。其一，从动物祖先进化到人，经历了若干亿年，人的胚胎发展（从受精卵到降生）仅10个月——母腹内胎儿发展的过程是高度概括地重演了生物进化漫长的历史，人在母体中的发展是生物进化历史的缩影；其二，人类文明发展史，经历了几百万年，人从初生婴儿发展到适应社会需要的合格成员，约20年，个人智力发展进程也是高度概括重演了人类认识发展漫长的历史，人的智力发展是人类认识发展史的缩影。（参阅孙喜亭《教育原理》，北京师范大学出版社2001年4月版，第55页）当代作家毕淑敏在她的散文中也有过类似的生动描述："我们的头颅就是一部历史，无数祖先进步的痕迹储存于脑海深处……"

"两个缩影"帮助我们从人类进化的角度深刻认识教育的本质和教育的社会职能，意义十分重大。我这里强调的是"两个缩影"的论点及思维方式对于学校改革与发展思路的启示作用：

（1）在教育教学中要充分尊重儿童遗传基因承载的"祖先进步痕迹"和先天素质，采用适当的教育策略引发并促进其充分发展，这既是教育促进人的发展的根本前提和强大的内趋力，更是儿童自身发展并走向辉煌的根本需要。

（2）确定阅读材料及教学凭借材料，设计课程、设计课堂教学，选择教育技术手段等具有"缩影"观点，注重整体性、实效性，让每堂课更有价值，学校有目的有计划地将中华民族数千年文化的精华、世界文明的精要传递给学生，从而充分利用有限的时间和资源，获取最大最佳的教育效果。

（3）教育发展史上下数千年，各种教育论著更是浩如烟海，而小学教育只有短短六年，运用"缩影"思维，将古今中外的教育智慧之精华"浓缩"于小小校园，"浓缩"于三尺讲台，作用于短暂的几年，对学生的学习与成长，对学校的发展，其功效都将是巨大的。

（4）历史悠久，躯体庞杂且变化迅速剧烈的人类社会，是儿童走出校门的必然归宿。借用"缩影"理论，学校是社会形态的"缩影"。学校采用适当的方法让学生提前观察、分析、体验现实社会的阳光雨露和风暴雷电，将社会需要、社会生活方式、社会形态变化及运行规律等传递给学生，形成一定的社会生存能力，有利于学生立足社会并最终成为推动社会良性发展的力量。

——学校是一个复杂的系统，犹如大气圈、水圈、生物圈、岩石圈等构成地球系统一样，学校也是由若干圈层构成的。学生团队—教师团队—领导团队—后勤团队—学校智囊团队构成学校的第一圈层；学校—教育行政管理部门—教研机构—教育督导机构—教育培训机构—教育团体（学会、研究会）—学校之间，这是学校第二圈层；学校—家庭—企业—媒体—社区—区域—社会，这是最大的第三圈层。构成圈层的各种因素纵横交错，互相关联，互相制约，互为存在和发展的条件。学校只有通过建设现代学校管理制度，不断改革管理机制，校长具有办大教育的气魄和能力才能整合各种教育资源，使各圈层关系协调，良性循环，形成合力，释放出巨大的教育能量，实现学生、教师和学校的可持续发展。反之，学校则会发展缓慢，甚至出现生存危机。

——21世纪，是新科技革命的时代。科技创新、知识经济、进一步开放的社会呼唤大批高素质的劳动者和高创造力、高国际竞争力的精英人才，从而对教育提出了更为紧迫更为严峻的挑战。顺应时代潮流，创新教育思想，创新人才培养机制，创新管理体制，成了学校的必然选择。新世纪学校教育具有以下特征：

（1）科学教育将摆在学校教育的重要位置上，更加重视培养学生用科学的思想、科学的态度、科学的方法解决问题的能力，更重视培养学生的科学素质和科学精神。

（2）学校更加开放，视野更加开阔，课程更加多元，国际交流合作更为频繁，更多的先进技术将作为教育手段进入学校，进入课堂。

（3）全面发展与个性发展双轮驱动，仍是教育与发展的主旋律；学习能力、实践能力、创新能力与社会责任感、良好的道德品质、健全的人格，三大能力三个方面培养并重，仍是学校追求的根本培养目标。

（4）更注重培养学生的公民意识、民主意识、法律意识、自强自律意识、团队意识、自主管理意识、共生意识、全球意识与跨文化沟通交流能力和国际竞争与合作能力。

（5）知识经济时代，个人的独创性将得到更大的尊重，个人的价值会得到更大的张扬。

（6）随着计算机技术的不断进步，信息技术更迅猛的发展，更先进的教育技术，在线教学、在线学习，优质教育资源将实现真正的全人类共享。知识无处不在，知识时代真正到来。主动学习、高度个性化选择，新型的学校将改变整个学校教育的生存状态。

读一读近几年出版的教育专著，翻一翻教育报刊上的理论文章，听一听校长们的经验介绍或学术报告，便会发现，使用频率最高的词语是："育人为本"、"素质教育"、"全面发展"、"个性教育"、"尊重生命"、"生存能力"、"创新能力"、"学习能力"、"自主管理"、"社会责任"、"现代制度"、"国际视野"、"校园文化"等。我认为这传达出三个信息：一是对教育思想中的核心问题如教育价值观，教育目的及教育发展主流趋势认同度高；二是说明教育理论的创新实属不易，能在继承、学习、借鉴别人思想的基础上根据自己的实践经验，有所发现、有所发展、有所提高、有所创新或作一些补充、细化、转化的工作已是值得称道的了；三是说明可能存在一些校长的教育思想不真实的情况，校长的教育思想如果不是真实的，学校的发展将会迷失方向或停滞不前或本末倒置，也就没有了发展。

我认为校长用以指导办学的教育思想或通过各种形式体现出的办学价值观、办学目的等应有五忌、两个"必须"：一忌用一些激进流行的术语自我包装或炒作，透出浮躁情绪和功利色彩；二忌用一些时尚、极端的标语、广告式的词句装点学校门面，这往往可能以局部真理代替普遍规律，难免浅薄、绝对化、缺乏深度广度和科学性；三忌将教育思想写在纸上、贴在墙上、挂在嘴上并不施行，办学依然是老路子，教学依然是老法子，这是应景式的空谈；四忌追求口号的"特色"、"现代化"、"全球化"，脱离本校、本地区办学的实际；五忌追风逐浪，朝令夕改，所谓改革、所谓创新只是标签更换，概念翻新。第一个"必须"指校长的教育思想必须是真实的。所谓真实有三层意思：①校长的教育思想必须来自校长的教育实践；②来自校长对教育现象的冷静分析观察、科学理性地总结和提炼；③是继承、学习、借鉴、移植而来，但契合社会发展对教育、对人才的需要，符合教育改革大趋势，又是校长思想深处真正认同的教育信念。学校因校长教育思想的贯彻、影响而形成共同的价值观、共同的办学目标、共同的发展方向，产生强大的凝聚力。第二个"必须"指校长的教育思想真正决定学校价值取向；真正落实到学校发展规划、培养目的、教学策略、课程设置、教育质量评价、创建现代学校制度等方面，真正在校园建设、教室布置、各类教育活动、师生日常行为规范等各种细节中。

总之，校长的教育思想并不是通过校长说出来的，而是通过教师和学生的行为表达出来的，是通过学校长期发展逐渐形成的核心竞争力即独特的学校个性、风格和特色反映出来的，是通过学校整体精神状态、文化氛围展示出来的，是通过最终的教育质量体现出来的。经过各种观念的碰撞、融汇、孕育、选择、提升，自己对素质教育的理解、对学校的价值取向逐步由模糊到明晰，由分散到凝聚，直至观念的形成。我对学校的价值取向的理解很简单：第一，健康价值（身体健康）；第二，情感价值（阳光的心态、丰富的心理、美好的人品）；第三，发展价值（学习能力、创造能力、实践能力）。

我在对电子科大附小办学价值作选择时，着重考虑三个因素：其一，教育的核心价值在于培养人。基础教育是国民教育体系的基石，小学是基础教育的基础，它的根本功效是承担培养人的奠基工程。其二，基础性是小学教育最大的特点，学校必须着力于儿童小学六年的健康成长。其三，人的成长既有阶段性又是一个联系紧密的完整的延续过程。小学教育掌握着开启未来的钥匙，要着眼于"明天"、着眼于儿童未来的持续发展，着眼于儿童的社会化，着眼于儿童最终拥有幸福的人生。"奠基"、"成长"、"发展"是附小核心价值追求的着眼点。

围绕着"健康"、"情感"、"发展"三个核心价值观，经过几年的探索、实践和积累，电子科大附小初步形成了一套学校价值体系，下面就其要点以列表的方式作简要解读。

电子科技大学附属实验小学教育价值体系简表

项　目	要　素
健康价值： 均衡营养 良好习惯 强健体魄	1. 熟悉自己的身体 2. 知道人体各部分是怎样工作的 3. 懂得爱护自己的身体 4. 有良好的饮食习惯 5. 对生命的初步认识 6. 预防疾病的常识 7. 一定的营养知识 8. 锻炼身体的习惯 9. 了解安全急救常识 10. 正确用脑的习惯 11. 讲究卫生的习惯 12. 有一、二项感兴趣的体育活动 13. 各项身体机能达到国家标准
情感价值： 阳光的心态 丰富的心灵 美好的人性	14. 对新事物的好奇心与兴趣 15. 广泛阅读的兴趣 16. 想象与创造的兴趣 17. 热爱母语 18. 尊敬父母及长辈 19. 尊重邻居 20. 与同学友好相处 21. 待人真诚友好 22. 力所能及地关心帮助他人 23. 关爱自己的家庭 24. 爱学校 25. 了解居住的社区 26. 了解自己的民族 27. 了解自己的民族文化 28. 关心、热爱自己的祖国 29. 了解世界

项　目	要　素
情感价值： 阳光的心态 丰富的心灵 美好的人性	30. 有错就改 31. 有梦想 32. 正确的是非观 33. 独立思考、独立判断、独立行动 34. 丰富的情感 35. 为人处世的态度 36. 认真做事的态度 37. 努力学习的态度 38. 善良、有同情心、懂得感恩 39. 能承受挫折、心理坚强 40. 克服困难的意志 41. 宽容大度的心胸 42. 敏锐的感受力 43. 较强的观察能力 44. 自主探索的能力 45. 懂礼貌，懂得用餐礼仪 46. 知道遵守规则的重要 47. 遵守公共秩序 48. 自我约束、自我管理的能力 49. 动手的能力 50. 主动创新的能力 51. 自信、阳光、开朗的性格 52. 学习调节情绪 53. 快乐积极向上的心态 54. 懂得珍爱一切生命 55. 热爱生活 56. 尊重自然 57. 爱劳动、珍惜劳动成果 58. 懂得金钱的价值 59. 合理使用管理零花钱 60. 懂得节约

项 目	要 素
情感价值： 阳光的心态 丰富的心灵 美好的人性	61. 爱护生态环境 62. 有公德意识 63. 懂得承诺与义务 64. 追求理想 65. 理解幸福，有积极的幸福感 66. 学习平衡情感和情绪 67. 以诚实、知礼、守规则为核心的做人习惯 68. 以方法、效率、质量为核心的做事习惯 69. 以自主、认真、勤奋为核心的学习习惯 70. 以节俭、高雅、健康为核心的生活习惯 71. 学思结合的习惯 72. 正直、诚信、独立、仁爱的品质 73. 有克服困难的毅力 74. 自强、乐观、向上的人生态度
发展价值： 学习能力 创新能力 实践能力	75. 扎实的基础知识、基本技能 76. 较强的学习能力 77. 进入上一级学校学习的后劲 78. 学习的习惯 79. 阅读的习惯 80. 独立思考的习惯 81. 科学的思维能力 82. 丰富的想象力 83. 创新精神较强的实践能力 84. 较强的社会适应能力 85. 良好的交际、沟通、合作能力 86. 良好的思想道德素质、科学文化素质、良好的身心素质 87. 社会责任感强 88. 正确的价值观 89. 爱国、守法、诚信、正义的公民意识 90. 服务国家、服务人民的公民意识和公民行为

项　目	要　素
发展价值： 学习能力 创新能力 实践能力	91.民主与法制观念 92.自强、自律、团队意识 93.竞争与合作能力 94.跨文化的社交能力 95.选择处理信息的能力 96.复合型技能素质 97.适应社会发展的实践能力 98.自我生存的能力 99.全球化观念 100.创新意识、激情与创造性思维能力 101.适应社会发展的创新能力 102.参与国际竞争的创造能力 103.科学态度与科学精神 104.推动社会进步的创造发明能力

这套价值体系分别体现在学校的办学目标和各项办学策略中，渗透在课程体系中，落实在学校日常各种教育行为中，并与学校的质量评价系统相对应。

学校的教育价值体系是一个动态的系统，它会随着社会需求的变化，随着国家教育制度的变化和学校发展中遇到的新问题进行调整与逐步完善。但是，其中一些最基本的因素，比如关于道德品质的、身体健康的；关于学习能力、创新能力的；关于社会责任、健全人格的；关于良好行为习惯、公民意识、劳动者素质等，这些普遍认同的价值观念，则是相对稳定的。

第二章

办什么样的学校

★ 1. "新学堂"是什么概念?

★ 2. 电子科大附小办学追求什么目标?

★ 3. 电子科大附小人心中的学校是什么样的?

坦诚地讲，我是一个想当校长的人。我对教育敬畏而又虔诚，我想竭尽心力在新的历史时期按照时代要求办一所体现新的教育观、价值观、质量观、人才观，真正适合学生的现代化小学。我希望孩子们在我和我的同事们的帮助下健康、快乐地成长，拥有一个有尊严、有价值的幸福人生。

我常给老师们讲：要以做善事的公益心态做教育。想把教育做好的人都是想把善事做大的人。教育的力量来源于一种向善的理想。当校长就是带领一大批教师去做善事，去服务于社会，服务于千千万万个孩子们，并通过他们推动民族发展，推动社会进步。

2007年8月，区教育局让我兼任电子科技大学附属实验小学校长。自此，我便全身心投入到创建一所新型学校的实践中去。

背景与基础

一所学校的崛起，总有其特定的背景、发展的基础与契机，电子科大附小也不例外。

一、历史印记

电子科大附小的前身是刃具厂子弟校（创办于 1956 年，毛泽东主席曾到工厂参观过，在那个特殊的岁月，高扬自力更生、艰苦奋斗、发愤图强、无私忘我、勤奋守纪，为国家利益奉献个人一切的旗帜是时代的主旋律。为学校留下的是一种爱国、奋斗、自主自强的精神。2000 年后更名为成都市府青小学）和电子科技大学子弟学校（1957 年创办，隶属于电子科技大学，至今已有半个多世纪，积累了丰富的办学经验，形成了良好的办学传统，奠定了电子科大附小改革发展的坚实基础）。2006 年 4 月，成华区人民政府与电子科技大学签订合作共建协议，将原府青小学与电子科大子弟校合并，成立电子科技大学附属实验小学。电子科大的科学精神长期滋养着学校，为其打上"求实"、"求真"的厚重的科技文化底色。

二、地缘优势

学校地处寸土寸金的成都市核心区域，占地 48 亩，属市区办学规模较大的小学。共有沙河（一年级校区）、府青（二至五年级校区）和蓝水湾（六年级校区）三个校区。背靠电子科大，有丰富的教育资源依托。学校所属成华区人民政府高度重视教育，在人力、物力、财力、政策诸方面给予学校大力支持，这是学校得以快速发展的最重要条件。

三、生源优势

学校生源条件虽参差不齐，但其中来自科技大学职工家庭、具有"三高一多"特点的学生占较大比例。"三高"指高知家庭，高收入家庭，高期望家庭；一多指家庭给孩子提供的"文化资本"［此处借用（美）珍妮·H·巴兰坦著，《教育社会学：系统的分析》概念，中国人民大学出版社］多。

四、机遇与挑战

2006 年 4 月，电子科技大学附属实验小学作为合作共建的一所公办小学诞生。这是一个新起点，它既是电子科大附小难得的发展机遇，又面临第二次创业，重铸辉煌的严峻挑战。2007 年 8 月，带着组织的重托和全校师生与家长的期待，我来到了这所学校兼任校长。

"新学堂"的由来

"新学堂"是电子科技大学附属实验小学一个标志性概念，是附小校报的名称。学校合并更名之初，新领导班子和全校教师充分调查研究，科学分析校情，充分听取各方意见后决定：继承原来学校办学传统，紧紧依托电子科技大学厚重的文化底蕴和丰富的人才资源，秉承"求实、求真，大气、大为"的电子科大精神，走创新出特色、创新促发展的办学之路，办一所高标准、高质量，有中国特色、中国气派的现代化新型学校。

后来，学校在全校师生与家长中征集校刊名称，在上千个名字中，"新学堂"三个字契合了学校的办学思路，引起老师们的关注。作为以科技创新为核心诉求的电子科技大学，它的附小，应该传承文化，传承科学精神，变"讲堂"为"学堂"，在培养学生学习习惯、学习能力、科学思维和创新精神上下工夫。90 岁高龄的电子科大教授、中国"微波之父"、中国科学院院士林为干老先生闻讯后，欣然题写了校刊名——"新学堂"三个苍劲有力的大字。

我赞同大家的选择，在我看来，"新学堂"是附小新的教育思想，新的价值追求和整体改革的一个载体。

"新学堂"的办学宗旨——"立德树人"，这是学校的灵魂。

国无德不兴，人无德不立。古人以"明德、崇德、正心、修身"为道德理想。中国著名学府清华大学以"自强不息，厚德载物"为校训，彰显崇尚美德、操守的大学精神。"道德是做人的根本"（陶行知）。新学堂以"立德树人"为办学宗旨，探索突破"花瓶"式德育、说教灌输式德育、宣传训诫式德育等不适应当代儿童特征，只有空洞形式无实际效果的德育方式，代之以培育式、感染式、体验式、活动式、生活式、融入式、智慧化德育，从小培育孩子良好的习惯、阳光的心态、丰满的心灵、健全的人格、中国小公民的素养和世界小公民的意识。

"新学堂"的办学理想——让每个孩子健康成长，让每个教师和谐成长，让每个家长幸福成长。

没有和谐成长的教师就带不出和谐健康成长的学生。同样，没有懂得教育，心态平和，负责任地配合学校陪伴孩子一起学习，一起成长的家长，学校教育则孤掌难鸣。"教育的效果取决于学校和家庭教育影响的一致性。如果没有这种一致性，那么学校的教学和教育过程就像纸做的房子一样倒塌下来。"（苏霍姆林斯基）孩子的健康成长将是十分困难的。这是一个简单的逻辑。我认为，实现这三个"让"就是我们理想的学校，就是老百姓满意的学校。

"新学堂"的目标定位——把学校建设成一所促进学生全面发展、终身发展、个性发展的"素质教育型"现代品牌学校。

"新学堂"的实施策略——破解难题、让素质教育落地生根、创新驱动学校发展，融汇多种资源，凝聚正能量，办大教育。

客观地说，办学宗旨、办学理想、办学目标等都是动态的，总是处在发展变化中，其内涵也会与时俱进。我们将在改革创新的探索中，在持续的反思中，不断修正发展方向，不断丰富和深化办学目的的内涵，让其实现对学校教育教学的引领作用，使其成为学校和教师"活"的灵魂。

素质教育，提高公民素质，是具有世界性共识的教育诉求。我认为，只有让素质教育走进校园，真正实施素质教育的学校，才有可能成为一个优质的教育品牌。而实施素质教育，就必须破解如何有效地、持续地、增强学生体质，如何丰富儿童情感，如何实施有效德育，如何因材施教、落实个性化教育，如何培育创新精神、学习能力、实践能力，如何实现家校共育等难题。这也是"新学堂"改革创新的着力点。

"新学堂"承载着附小人美好的愿景，"新学堂"寄托着我的教育梦想，下一步就是踏梦前行。

起步是艰难的，现在回想起来，依然感慨万千。

客观地说，随着城市现代化进程的加快，随着科学技术的飞速发展，学校所在的主要社区——二十世纪五六十年代的老工业基地必然地衰落了，以它的子弟小学为基础发展起来的学校，师资力量相对薄弱，学校文化积淀相对贫乏，教育观念相对封闭、僵化，教学方法相对落后，教育质量自然无法与普通学校（非子弟小学）相比。

先不要说那么多教育梦想，现实情况是连招生都困难重重，师资老化，优质生源大量流失……我和负责招生的老师从早到晚打电话，接待来访家长，走访学生家庭，发放说明书，宣讲学校新的办学理念，解说新的管理机制，一对一地耐心回答家长的疑问，听取家长的意见和建议，往往顾不上吃饭、喝水，声音成天沙哑着……

改革之路是艰辛的，教育改革者肩负着使命，怀揣着梦想，要开拓一条新路，更需要一种胸怀，一种胆略，一种百折不挠的意志和一种虔诚的教育信念。

好在我们挺过来了。有位老师这样憧憬"新学堂"——

这里是人海中一个宁静的港湾，哪怕港外惊涛拍岸，这里却波澜不惊，祥和而安宁。

这里是闹市中一片葱茏的小树林，尽管林外车水马龙、浮躁喧嚣、红尘滚滚，这里却生机勃勃，书香醉人，自由而清新。孩子们在这里满怀希望和兴趣，寻找童话中的彩蝶，追逐梦中的精灵。

这里很小很小，人不过数千，地不足半顷，校园里甚至放不下一个足球场。

这里很大很大，孩子们的眼耳口足，老师们的一言一行，图书、影像、网络、墙壁、走廊乃至校园内一草一木都是"课堂"，上下五千年，纵横八万里，大千世界，人间万象无不在这里浓缩，人脑加电脑，整个世界就成了孩子们的学习大背景。孩子们的脑袋虽小，里面却装着长江黄河，装着五湖四海。

这里的门关得很紧很紧，老师们容不得一痕尘埃侵犯了孩子们纯洁的心灵。

这里的门开得很大很大，孩子们敢于迎接铺天盖地的信息，因为他们知道，只有懂得选择，懂得独立思考、独立判断、独立行动，才能学会学习；他们敢于迎接现实社会的春花秋月，急风骤雨，因为他们懂得那是他们的必然归宿。畏惧艰险怎能学会生存，不经风雨，何来满天彩虹。

这里的孩子特别好动，因为他们的学校是目前世界上单校拥有乒乓球台最多的学校，当上千个孩子同时在 300 张乒乓球台上挥拍搏击，当 3000 多个孩子同时在操场上龙腾虎跃，你会真正感受到什么是活力四射，什么是汹涌澎湃的生命激情。这里还有设计科学、丰富多样的系列教育活动，孩子们动手动脑，精彩纷呈。难怪教育大家顾明远对电子科大附小题辞有云：学生的成长在活动中。

这里的孩子特别喜静，图书馆里静静地阅读，上课时静静地听讲，静静地思考，做练习时紧张、从容、安静的场面……孩子们良好的学习习惯，极强的自控能力会令你惊叹不已！

这里是老师们的精神家园，理想职场和美好的人生舞台。他们不断从古今中外的教育哲学中吸取营养，不断地从实践中磨砺提升，又不断地在教育行为中展示着，创造着；他们用宽厚、仁爱的心灵，热情、平等地呵护每一粒智慧的种子，为他们提供适合成长的养料、水分和阳光，真诚地期盼他们枝繁叶茂，为大地添一抹绿荫，成为社会栋梁；同时，自己也收获着成功的愉悦。

这里是孩子们成长的沃土，他们在这里自由地呼吸，和谐共生；在这里激扬生命，享受金色的童年，享受人生中最幸福的时光。生命的旅程不可重复，愿在附小的这一段时光中，每个孩子都带着微笑生活，伴着快乐前行，踏着梦想成长。

附小人相信：六年前，孩子们在老师们切切的目光中迈进电子科大附小的校门，沿着校园的小径，随着上课铃声一步步走向智慧的圣殿；六年后，孩子们在老师依依不舍的目光和孩子们"一路平安"的默默祝福声中抬起头，迈着自信的脚步走出电子科大附小的校门，也必将沿着校园外的人行小道，随着时代的节拍一步步走向辉煌灿烂的人生。

附小人相信：成功的小学教育，必定影响孩子的一生！

这番描述有几分诗意，但了解电子科大附小的人，一定会觉得这不仅仅是"诗意"，因为附小人的教育理想有的已经变为现实，有的正在一步一步实现着。以下是一位老教师眼中的"新学堂"，她见证了"诗意的存在"。

"新学堂"，新风貌

在电子科大附小这个以年轻教师为主的群体中，我算得上老教师了。

近些年来，学校建筑物虽然仍旧那么朴素，与周边林立的高楼形成强烈的反差，但是，师生人数却从 1000 多增加到 3000 多，校区由一个发展为三个，学校的美誉度不断提升，来学校考察的、访问的省内外同行络绎不绝。作为学校的一员，我为附小以创办"新学堂"为标志以来展现的新风貌，由衷的高兴。我记下了学校生活的点点滴滴，与大家分享。

与孩子们的梦想一起飞

比较基因组的研究成果告诉我们，人类基因结构 99.9% 完全相同，不同约为 0.1%。这个 0.1% 却奇妙地导致了人的千差万别（当然还有多种因素），形成了人的多样性。大班制、标准化的教学如何适应学生差异，成就孩子们的不同梦想？这是一代又一代老师们苦苦探究的课题。附小的"走班制"教学，让每个孩子都有一张自己的课程表，这一改革为儿童个性化发展找到了一条新路子，为孩子们的梦想插上了翅膀。为适应新课改的需要，老师就必须通过学习更新知识结构，创新教学方法，老师伴随着孩子们的梦想一起飞，童趣盎然，青春勃发，充满诗意。

小班长　大建议

在一次校长与全校各年级学生班干部代表的圆桌会议上，一年级的一位小班长在发言中说："有时候中午的菜太辣了，不少同学受不了，请康校长给厨房做菜的叔叔阿姨们说一说，少放点辣椒。"康校长赞扬小班长提了一个好意见，散会后立即召集后勤组相关人员研究改进方案，调整了全校学生午餐菜谱。由此，我想到了附小近些年在民主的基础上，建立一整套制度，全校师生人人参与学校管理。各项制度严格而又充满着人性的温暖。比如，要求教师比学生提前到校，并严格打卡，学校食堂却为老师准备牛奶、豆浆、包子、馒头、花卷、三种以上小菜（主食分有糖无糖两种），保证教师营养。学校要求老师与学生一起参加50分钟大课间活动，虽然当时累，但坚持下来以后却收获了健康、收获了更为充沛的生命力。

让心灵在微笑的一边常驻

"上帝给了人有限的能力，却给了人无限的欲望。"（大仲马）如果一个人无法控制自己的欲望，使之合理，就会情感失衡，心态失衡，烦恼不断。过去，对教师和学生进行心理辅导是长期缺位的。这些年，学校非常重视精神文化建设，请具有不同学术背景的专家作报告、讲课，提升教师社会学、心理学素养；开展"读万卷书，行万里路"活动；倡导让阅读成为一种习惯，让微笑成为一种习惯，培育师生积极向上的心态……慢慢地，学校和谐的氛围渐浓，正能量在凝聚。老师们带着平和的心态，丰沛的激情走进教室，课堂必定生机蓬勃，充盈着学生成长的拔节之声。

莎士比亚曾感叹："人！你在微笑与眼泪之间摆动。"附小人却努力让心灵常驻在微笑的一边。

（艾超英）

第三章

学校向何处去

★ 1. 一流的学校需要什么样的校长？

★ 2. 一流的校长应具备哪些特征？

★ 3. 电子科大附小的校长在学校中扮演什么角色？

不少人认为校长是学校的灵魂，我认为校长不是"灵魂"，而是"责任"。政府把一所学校交给校长来领头办，家长把3000多个孩子托付给学校来培育，200多位老师把人生的希望交到校长的手上，这确实是一份沉甸甸的责任。

　　我常说，选择做教育，就只能选择崇高。教育是最大的民生工程，孩子的今天就是一个家庭、一个国家的明天，他们是民族的脊梁。这些孩子如何成长就掌握在一位位校长、一个个老师的手中，因为校长是国家意志的执行者，老师是学生最直接的引领者，这些绝不是空洞的观念，它真真切切地牵动着校长每一天的工作。

　　如何让美好的教育愿景化为实实在在的耕耘，在教师和学生中落地生根，开花结果？关键在学校的第一责任人——校长如何引领，因为他是学校这艘航船的掌舵人。

引领在校长

一个校长就是一所学校，办一流的学校必须有一流的校长。

一位成功的企业家曾对我说："依你的头脑和才气，如果办企业，一定能成就一番事业。"我笑了笑说："不一定吧，再说，当一个好老师和办一所好学校何尝不是一番事业？"

一位媒体朋友很好奇地问我："你从没搞过行政工作，当初凭什么敢竞选校长？"（2002 年我以成都市成华区数学教研员的身份竞争上岗，任成都市猛追湾中学校长）我用一次在成华区庆祝七一建党节党员大会上的题为"激情与活力"演讲中的一段话回答了记者朋友。我对他说："由于历史原因，成都市东郊老工业区（即现在的成华区）的教育发展相对迟缓，为社会转型付出较大代价的老区居民经济收入的增长也相对滞后。有专家分析，国与国之间、民族与民族之间、地区与地区之间教育水平相差一年，经济水平相差至少 5 年！面对区政府领导拟通过公平、公正、公开的方式选择一位优秀校长的良苦用心，面对老区居民对优质教育的切切期盼，作为一名教研员，我感到一份沉甸甸的压力和一种义不容辞的责任。这就是我竞选校长的缘由。我热爱教师这个职业，我更珍惜办好一所中学的机会。至于凭什么竞选校长，我想起读中学时一位老师给我讲过的一个故事：五百年前，当哥伦布有了伟大的航海梦之后，他用了五年的时间使自己成为水手，再用了五年的时间使自己成为学者，最后用了五年时间到处游说，寻求广泛的支持，然后率船 3 艘，船员 80 余名扬帆远航，终于发现美洲新大陆，成为伟大的航海家。

"哥伦布的成功亦使西班牙女王告诫他的那句话'天使在想象中，魔鬼在细节里'成了举世名言。我之所以敢于挑战中学校长这个岗位，是因为高中毕业之后用两年时间读完师范，又用两年时间通过自学考试获大专文凭，再用三年时间获四川省教育学院教育管理系本科函授文凭，前不久刚结束北师大研究生课程进修班的学习，这是知识储备；我当教师六年，当教研员十二年，参与西南大学版数学教材编写工作三年，累计在全国多家出版社和报刊发表教育类著述 100 余万字，有 10 个研究项目分获全国、省、市各级科研成果奖。我指导成华区两名数学教师先后参加全国数学赛课均获一等奖，使成都市实现走出四川赛课获得较好成绩的殊荣，这是能力储备；被推为成都市教育教学专家后备人选、成都市人才兴市百千万工程人选、获评中学高级教师、成都市学科带头人等，这是人格魅力储备。这些因素是我竞选校长，办好一所中学的自信。"

我认为知识储备、能力储备、人格魅力储备是承担校长职务的前提条件。

校长的气质、品格与修养

在校长岗位上几经磨砺之后，我认为一个称职的校长应具备以下六个方面的气质与行为特征。

一、高尚的品德，高雅的格调

以德育德，以智启智，这是学校教育的一种境界，更是校长自律的首要原则。校长的德行有一种标杆和示范效应，是无声无形的教育力量，如春风化雨、润物无声般地以自己的德行去带动教师，影响学生朝正向发展。

校长的德是一种"爱"。当下"真爱"一词在校园颇为流行，何为"真爱"？人民教育家陶行知先生的纪念堂上题有"爱满天下"四个大字，这就是真爱、大爱。爱学生、爱教师、爱学校、爱教育，是因为学生、教师、学校、教育维系着民生，关乎着国家的崛起，民族的兴衰和人类社会的永续发展。一个好校长要办一所好学校，必须有这种大爱的胸怀，"爱如果为利己而爱，这个爱就不是真爱，而是一种欲"（爱德门）。真爱无须感恩，真爱是对待学生民主、公正、平等、理智、诚实、尊重、信任，爱而有格，爱而有责。真爱是广采博取人类共识性的教育智慧，创造最适宜学生健康成长的环境，将每一个孩子培育成有用人才。

中国有数千年的立德树人的传统。"内省"、"慎独"的思想，"修身"的观点，"崇德"的理念，都是涵养人品的精神财富。校长要勤于学习与反思，不断地进行心灵的自我净化，人格的自我完善，形成道德自觉。

比如，校长具有服务学校、服务学生、服务家长、服务社会的奉献精神和社会责任感，则有助于教师、学生责任感的增强；校长有民族意识、爱国情操，就会影响教师在张扬学生个性，发展学生潜能，促进学生个体成长的同时引导学生关注民众生活，关注民族发展，关注国家利益，关注社会进步，树立正确的价值观和人生观，而不是一个两眼只盯着个人的成功，个人的发展，甚至阻碍或损害民族与国家发展的心胸狭隘、以自我为中心的利己主义者。

校长高品质的生活格调，高雅的文化追求，积极的人生态度无不对教师、学生产生正面引领、示范作用，甚至影响到校风、教风和学风。如果一所学校长期处在消极的生活格调之中，长期受到低俗文化甚至灰色文化、垃圾文化的侵蚀，则可能导致学校精神萎靡衰败，谈何改革创新！谈何持续发展！小到一所学校，大到一个国家、一个民族、一个社会概莫能外。

二、广博的学识，开阔的视野

这是由学校育人本质决定的。学校是传递知识、传承文明、涵养人性、通达智慧、促进人的社会化进程的地方。校长的文化积淀厚重，博古通今，才华横溢，学问领域广阔，才能全面深刻地理解教育，才能占领教育思想的制高点，才有大想法，才能创造大格局，干事业才有大手笔。校长的视野开阔，才能正确把握教与学的规律，才能准确分析校情、国情和社会发展大趋势，从而高屋建瓴，未雨绸缪，引领学校这艘航船驶向正确的方向，并根据不断变化的社会环境制定应对之策。校长对学校的领导主要是教育思想的领导，发展方向的领导。校长是一所学校的灵魂和精神支柱。如果校长学识浅薄、短视、窄视，老师们何以认识经济全球化对学校教育的影响？何以认识多元文化、教育国际化进程加快对教师素养的新挑战？何以认识科技革命与创新人才培养的逻辑关系？何以认识科学发展观与育人为本的思想脉络？

三、综合素养，创新品质

综合素养主要包括：（1）思想道德素养；（2）人格素养；（3）公民素质；（4）专业知识素质；（5）身心素养；（6）人际关系素养；（7）信息素养；（8）行政工作能力；（9）教学管理能力；（10）教育科研能力；（11）课堂教学能力（首席教师资格）；（12）依法治校能力；（13）统筹教育资源能力；（14）理性果断的决策能力；（15）适应环境变化的能力；（16）学习能力。

一流的校长，必须具有一流的创新品质。这是一所学校创新促发展，创新出特色，创新树品牌的前提。校长要善于组织指挥领导班子和教师团队进行改革创新，确保学校在正确的、科学的、先进的轨道上运行。校长的创新品质主要指：（1）创造性思维；（2）科学理性的创新精神；（3）创新能力；（4）创新实践。其中第四点最为重要，世界上知而不行者众，知行合一者寡。敢冒风险，勇担责任，百折不挠，躬身探索未知领域者弥足珍贵。具体到学校，主要指在教育思想、管理制度、办学模式、课程体系、教学方法、评价机制六个方面的改革创新。

四、理性精神，人文情怀

公民的基本素质之一就是遵纪守法，现代学校管理的基本特征之一就是规范化、制度化。

在学校，规范就是一系列管理制度。制度具有"刚性"的特点，制度化管理突出的是工具理性，好的制度客观公正，具有约束人性弱点的"制度之力"，体现出科学理性精神。校长治校，首要任务就是在科学理性精神指导下制定规划，建立制度，严明纪律。什么样的学校制度才富有理性精神呢？第一，有国策意识。学校规则要以国家关于教育的政策、策略为规范。第二，有法律意识。学校规章要遵循《教育法》、《教师法》、《未成年人保护法》及地方各类法律法规，使之成为依法治校的具体措施和手段。第三，有民主意识。建立规章制度的过程要发扬民主，充分吸收教师和学生的参与，充分尊重教职工和学生的意见，使制度成为师生公认的制度，而不是校长个人的制度。全校师生共同参与建立的制度公开透明，公信力强，因认同度高而化为自觉遵守的意愿和行为，同时有益于培养师生员工自治自律的公民素养和契约精神。第四，有校情意识。校与校之间表面相似实则千差万别，建立规章制度要从校情和学校的价值取向出发，可分层次不断提高，可由局部到整体，逐步完善，最终形成体系。现代学校管理者，一方面要给教师和学生营造广阔的自主发展的空间，另一方面又要建立严格的制度，严明的纪律，这是学校正常运转的重要保障。一所管理制度缺位的学校不可能持续发展，而缺乏严明纪律的学生则会处于无序的混乱状态。

学校是个微型社会，因构成人员的特点而具有特殊性，作为校长尤其需要胸襟广阔，有尊重、宽厚、包容的人文情怀。电子科大附小有近 200 名在岗教师，其背景、阅历、性格各不相同，学术思想、教学风格争奇竞艳。附小在建立或创新一些管理制度（如：教师人人都有管理岗位、学生人人都当小干部等）时充分尊重教师和学生的意见，校长、教师和学生都是创建制度的参与者，是维护制度的管理者，是制度的忠实执行者。

民主创建、参与创建：既融汇了集体智慧又让师生享有平等与尊重的权利，大家理解制度、认同制度、维护制度、执行制度，他们真正认识到制度与自由、纪律与自由的辩证关系，守规则就会成为一种自觉、一种享受、一种素养、一种习惯。

由被管者变成管理者：让制度饱含着对人的尊重、信任与关心，让师生感到自由、愉悦，同时也自觉地承担了一份责任。

制度的忠实执行者：合理的规章制度既符合现代管理科学规律，又是实现办学目标的根本保障；既能约束人、规范人，又有利于引导人、培养人。全校师生都能忠实地执行制度，遵守纪律，有利于增强协作，打造团队，从而融德、融智、融才，形成推动学校前进的合力。

校长的工作对象是教师和学生，有多少教师，就有多少人格差异，有多少学生就有多少不同的个性特点。校长的人文情怀首先就体现在对不同知识结构、不同性格、不同特长的人的善待与宽容上，要承认人与人之间的差异，尊重这种差异。中国人早在西周末年就认识到"和实生物，同则不继"的道理，认为只有不同异质的事物共生共荣，在竞争中发展，世界才能生生不息。孔子更认识到"和而不同"对治理国家的重要性。校长的宽厚与包容，使全校师生"和而不同"，形成共生共荣、和谐发展、特长发展、百花竞艳的生动局面。我认为在学校制度建设中有三点最为重要：一是科学理性；二是共建共享，以寻求合作，达成共识，培育共同体、形成合力为管理的最高境界；三是刚性的制度中必须"流淌着人文的血液"。

五、自我认识，自我管理

一个优秀的校长对自己要有清醒的认识。一是认识自己的短长，并通过不断学习，提升，变劣势为优势，或通过团队组合，实现能力互补，扬其所长，避其所短；

二是认识自己的社会角色的特殊性。校长有别于教师，也不同于行政领导或企业掌门人。我将自己的角色定位及职能描述如下：

角色	职能描述
引领者	教育思想、观念的引领，价值观、人生观的引领，教师教育改革创新的引领，教师事业发展、素质提升的引领，倡导高素质的生活格调、健康的生活方式，倡导积极的文化等
设计者	制定学校长远发展战略规划，制定教师、学生发展的策略，设计校园文化建设蓝图，探究学校未来走向及办学模式，创建学校的组织系统、价值体系、课程体系等
领导者	领导指挥全校教职工实现学校规划的教育内容，达到预定的教育目标，完成各项教育任务，协调各种关系，化解矛盾冲突等
开拓者	各类教育资源的开发，教育科研领域的开拓，学校生态环境的开创，学校特色、品牌的创建等
示范者	首席教师教学、教研示范；校风、学风示范；执行规章制度带头示范；要求教师、学生做到的，自己率先做到
经营者	学校人、财、物、时间、空间、信息的经营管理，合理调度；成本意识，学校低耗高效运转；改善学校的外部环境，整合资源，改善学校办学条件

角 色	职能描述
指导者	对教育质量、服务水平、校园安全、依法治校、各部门工作等进行评估督导
服务者	服务教师、服务学生、服务家长、服务国家、服务社会

校长认识自我越深刻，越能明确肩头的责任，并有助于管理自我。

美国教育家费奥斯坦和费尔普斯在谈到教师被高度关注、压力大、受伤害时说："教师生活在一个鱼缸中，领导、家长、纳税人和学生都在审视他们。"我的感受是，校长不仅生活在鱼缸中而且生活在一个具有放大功能的鱼缸中，他的一举一动，一言一行无不处于众目睽睽之下，校长更需要强大的心理、良好的心态、坚定的自信。而校长良好的心态、坚定的自信、优良高效的工作作风则来自完善的自我管理。自我管理主要包括：自我尊重、自我规划、自我更新、自我调控、自我评价、自我反思、自我纠错、自我监督、自我约束九个方面。心理学告诉我们，人们通常对待自己与对待他人是相似的。管理学校，先要学会管理自己。校长自我管理越成功，并将这种体验迁移到学校管理中，则学校管理越有效。

这里举一个例子，熟悉我的同行将我定位为所谓"有思想、有魅力"的魅力型校长。我真不知道自己属于什么型，如果真是所谓"魅力"型，那可就得注意了，这种类型的校长具有由个人的权威、才能、智慧、个性等因素构成的个人魅力，在领导团队和教师中影响力、号召力都很大。但其弱点也在这里，助手和教师过分相信校长技高一筹，大事小事都等着校长决定，长此以往，会产生依赖性，同时也容易在无形中压制不同的声音。一旦校长决策失误，学校发展方向出现偏差，领导团队和教师都对潜在危机浑然不觉，就有可能铸成大错。人，不仅要看到自己光鲜的颜面，也要看到自己的后背，因此，我时时给自己敲警钟，要耐心倾听不同的声音，要尊重全体员工的共同智慧。办好一所学校，需要专家智囊团的引导与支持，更需要领导班子和教师这个大智囊团的智力支持。

这种自敲警钟、自己在内心对自己的质疑，就是一种自我管理。

六、专家气质，政治家修养

关于"教育家型校长"的讨论，是近两年基础教育领域的热点话题之一。这一热点的出现，源于对教育本质回归的呼唤，源于对尊重教育规律的期盼，更源于教育自身发展的需要。

事实上，国内已有不少这样的校长，如李希贵、程红兵、高万祥等。一个好校长不仅要努力使自己成为教育家型的校长，更重要的是要创造条件，铺路搭桥，让更多的教师走进教育家的行列。"教育家型校长"应该具备什么样的气质与品格？

其一，具有学养深厚、智慧卓越、胸怀博大、眼界开阔的大家风范；

其二，形成自己的思想体系，有自己的独创性，能为教育的发展、学校的成长打开思路，提供理论启迪；

其三，具有重证据、重实验、重实践、重实效的认真严谨的教研作风和求实求真的科学精神；

其四，具有高尚的科学道德和健康积极的人生态度；

其五，在办学实践中，取得了公认的成果，获得了良好声誉，产生了较大的社会影响。

一流的校长不一定都能成为教育家，但一流的校长必须具备"大家"的气质与境界。

由于校长并不是专门的教育科研工作者，他担任着一个单位的行政领导的角色，政治家的修养就必不可少，否则，他将无法应付那些繁琐的行政事务、复杂的人际关系和多变的社会环境。

比如：为争取和保护学校利益、老师利益和学生利益通过行政或司法的途径解决问题所需的胆识及谈判、斡旋能力；为适应社会变化或处理突发事件、化解矛盾、缓和冲突所需的洞察力与应变能力；要维持学校日常运转，校长还须直接同十多个行政部门、兄弟单位或社会团体打交道，需要极强的沟通、交际能力；学校的发展必须开发利用多种教育资源，校长需要有经营头脑、经济意识和统筹协调的能力；一流学校要同市内外、省内外、国内外的兄弟学校或高层次的访问团、考察团，高层级的专家或行政长官交往，校长代表着学校风范，必须具有大方的仪态、从容儒雅的举止、恰当的语言表达、良好的礼仪习惯、高超的处世艺术；还有面对教师、学生和家长所需要的凝聚力、感召力、亲和力和影响力等无一不是政治家的修养。"政治家的修养"强调的是办事能力、管理能力，而不是权力。一流的校长恰恰应该淡化权力不能滥用，学校不是官场，校长的精神品质、人格素养才是真正的感召力。

我是长期教数学的，试着用一个公式来表达：

首席教师的能力 + 专家气质 + 政治家修养 ＝ 一流的校长。

第四章

谁来办好学校

★ 1. 为什么社会呼唤一流教师的声音如此急切？

★ 2. 一流教师具有哪些特质？

★ 3. 一流教师有标准吗？

办好学校，一要靠实践的力量，二要靠思想的力量。教师要集这两者于一身。

教师站在教育的最前沿，他们的实践能力和执行力是办学质量的基本保证。新的教育思想、教学观念与方法是推动学校持续发展的动力，而"理论总是尾随而不是引导着实践。"（大卫·雷·格里芬编，王成兵译，《后现代精神》，中央编译出版社）教师是教育的实践者，也是新理论新方法的真正创造者。因而，教师是学校的核心竞争力，一所学校的教育质量不可能超越这所学校的教师质量。

校长必须紧紧依靠教师办学，打造一支高素质的教师团队。这话说起来容易，做起来却很难。我是从教师岗位一步步走到校长岗位的，深知一线教师之不易，更深知一个校长能量的局限。但无论怎样，我都要求附小的老师要有坚守职业道德底线的善良，要有承担民族代际改善的一份责任，要有为促进社会进步尽绵薄之力的担当。

教师的水平就是学校的办学水平

要办一流的学校就要有一流的教师队伍。教师是学校的第一资源，教师的水平就是学校的办学水平，教师的素养就是未来公民的素养。"师资即国力"，这是芬兰人对教师价值的理解。

在新的历史起点上，面对复杂变化的世界，面对经济全球化步伐不断加快，面对文化多样化、社会信息化持续推进，面对科技革命迅猛发展、国际合作与竞争并存的世界格局，国家提出新的教育发展战略，办人民满意的教育、全面实施素质教育、深化教育领域综合改革、培养学生的创新精神和实践能力是时代的呼唤，是国家发展赋予教育的历史使命。

在这样的大背景下，我们必须重新理解教师这个职业，重新认识教师应具有的特质。

如同我对教育、对校长的理解一样，选择教师这个职业，就注定只能选择崇高。社会把教师归为公务员、准公务员或专家，其实教师是一种职业，教师不能跟功利太近，因为教师从事的是一项公益事业，一项慈善事业，教师的肩头承担着国家使命，这个使命的前提是对民族文化的信念，对人类精神的信念，是以提升学生素质，实现公民的代际改善，培养下一代人具有推动社会进步、开拓一个更美好的世界而博弈的创造精神。教师这个职业本质上是一个极富理想色彩的、成人之美的职业，善良、仁爱、同情心、公德心、公益心是这个职业的底色。一个纯粹的教师，他的职业生涯、他的奋斗道路不是通向权力和金钱，而是通向真、善、美，通向心灵和智慧。教师是特殊的精神劳动者，因为在教育现场，面对学生的始终只是教师一人，执行国家意志，承担人类共同命运的责任，最具体、最真实地压在教师的肩头，不可推卸，无法推卸，不能推卸。奉献是一个有教育信念、有使命感的教师的必然选择。立德树人需要为师者一腔真爱，一份深情，更需要丰厚的学养、深刻的思想、高远的境界和充满活力的创造精神。

我常回顾自己站讲台时情景。听老师们上课后和大家一起分享成功愉悦的同时，又不得不思考教学中的那些困惑。

我常常想：在课程观念、性质、形态、内容、评价及课程管理发生根本变革、国家下放课程权利，教师成为校本课程开发主体的趋势下，何为一流教师？在社会大环境发生巨变，把"最大限度地提升国民整体素质"作为国家教育价值取向的今天，何为一流教师？在世界发展的大背景下，学校要培养面向世界、面向未来、富有创新精神、创新实践能力、终身学习能力的高素质公民的今天，何为一流教师？在我国经济由计划走向市场，经济法则与观念迅速渗透到学校（如：教育成本、教育价值、教育服务、人才价值、人力资源、学校品牌、教学效率、绩效考核、竞争上岗、团队合作、家长"择"校、私立学校等），在市场化环境中，何为一流教师？在科学技术迅猛发展，传统教育理念、传统的教育教学方法被冲刷殆尽的今天，何为一流教师？在电视、电脑、网络、智能手机、通讯、电子技术大举进入学校，传统课堂几乎被颠覆，面对手握笔杆和鼠标，拥有人脑加电脑双重智慧的学生的今天，何为一流教师？在学校现代管理制度逐步建立，人性化教学、个性发展、特色发展成为办学思想追求的今天，何为一流教师？

其实，答案就隐含在七个问号中——积极迎接挑战，主动学习、更新知识结构、能力结构，提升综合职业素养，自觉研究教育教学，不断变革创新，敢于站在社会进步和教育发展潮头的教师就是一流教师。

校长的一个最重要的职责就是为教师服好务，为教师的发展开拓空间，为教师充分发挥他们的才智搭建平台。因此，我们把促进教师和谐成长作为三大办学目的之一。关于教师成长与发展问题的论著甚丰，我认为一个教师在思想、方法、幸福感、课堂教学能力、学习能力、改革创新能力等方面和谐发展是成就一个好教师的重要前提条件。

一、做一个有思想的教师

我认为一个好教师应该是一个有思想的人。我无意苛求我们的老师要有多么深邃的思想、多么宏伟的理论创新与建树，这些是思想家的事，是哲学家的事。但是，教师从事的是精神劳动，因其职业的特殊性，要求他必须是一个思想丰富的人。

在信息时代，在知识的汪洋大海与教师和学生只隔着一条网线的今天，思想弥足珍贵。一个优秀的教师应该是一个独立的思想者，这是一流教师与平庸教师的分水岭。

一个善于独立思考的教师往往表现出下列五个方面的特点：

1. 自由发展的观念。

"个人的自由发展是人类自由发展的前提。"（《共产党宣言》）具有个人自由发展意识的教师，有高度的自主性，他们追求真理，坚信自己的教育信息和教育实践，不轻易为他人的思想观念所动摇，有强烈的自信，他们高度承认自己，相信自己的判断和行为能力，追求学术自由。他们喜欢自由表达自己的学术观点，乐于与同事分享教学经验，积极参加教师沙龙、教师论坛等活动，喜欢不同教育观念的对比、碰撞与交流；有自我价值实现的迫切愿望，是自由发展意识的人，能在别人的说教中，分辨出自己认同的东西；有自己的理想追求，能客观有效地面对生存的环境，创造性地开展工作，在实现个人自由发展的同时奉献社会，为社会进步贡献智慧和力量。具有个人自由发展意识的教师，思想独立，学术自由，人格独立，因而他们更懂得如何培养独立思考、人格健全的学生。

2. 独到见解。

"独立的思想者型"的教师善于独立思考，对教育教学中的现象、问题有独到的见解，不会人云亦云，随波逐流。他们绝不是"跟风型"、"盲从型"、"标签型"、"服从型"的教师。在话语权主要掌握在权力部门、少数利益集团、科研机构、专家学者、极少数崇拜西方发达国家教育话语霸权者手中的中国教育界（特别是基础教育领域），一个普通小学教师要坚持自己的独到见解不容易，仅就这一点来说他也应该站在优秀教师之列。当然，他们的见解不是"想当然"的，而是对不同教育理论、不同学科知识的对比研究，对学校教育教学行为实证性的理性分析，他自己的教学实践就是对自己的教学观念的有力证明，因而更靠近真理。

比如，近年来，一些老师把国外小班化（20人以下）教学模式，搬到自己的大班里（40～50人左右），在传统的讲授式、问答式教学过程中加上自主探究、合作教学方式，或在以课堂教学为中心的教学方式上加入以活动为中心的教学环节，并冠之以"探究式学习"、"参与式教学"、"合作学习"、"个性化教学"之类术语，结果往往只是表面热闹、表面生动，实则肤浅、松散、混乱、流于形式，甚至连起码的纪律也难以维持，结果必然低质、低效。

对教学方式、方法有独到见解的教师，他们会思考：以自主探究为核心的教学方式为何在西方教坛占据重要地位？产生这种教学方式的传统文化和传统教学思想基础是什么？这种教学方式是如何影响学生的思维过程和情感历程的？我国《教育规划纲要》为何倡导这种教学方式？根据国情、校情、班情（教育理论是有地缘性特点的）我们应从中吸取些什么、扬弃些什么、创造些什么？经过这样的思考，面对同样的教材，他就不会为"教参"、"教辅"左右，也不会照别人的套路鹦鹉学舌般施教，他会照自己的理解，用自己的方式把课上得独具特色、富有新意。

3."反思"的习惯。

"反思"已成为教育教学领域的热词。它指一个人要有批判意识，特别是反省和评价自我的精神。要不断对自己的教育思想、教育信念、价值观和各种教育行为和教学方式进行反思，还要不断对自己的性格、态度和技能进行反思，并通过手记、叙事、记录、论文等方式进行梳理，作为自己制定教育决策、革新教学方法的依据。教育家波斯纳关于教师成长有一个经典的公式——"经验＋反思＝成长"。教师是一个实践性很强的职业，实践经验的累积是造就一个合格教师的重要基础，而对经验的反思是提升教师的专业素养和理论水准不断丰富智慧，不断超越自我，成为一个优秀教师的强大的推动力。

反思，应该成为教师的一种习惯。反思，使教师从平凡走向卓越。

4.独立判断。

面对各种教育行为，教学文本材料、教育信息、教学现场的种种复杂变化都需要教师作出独立判断。在课堂教学过程中，这种判断则需教师在分秒之中作出。比如，教师在课堂教学中的独立判断，主要可分为以下五种：

价值判断——美与丑、善与恶；

认知判断——真与假，正与误；

情感判断——喜与忧，爱与惧；

技术判断——快与慢，高与低；

后果判断——进与退，正与负。

随着教育国际化进程的步子越来越急，国内教育教学改革风生水起，各种教育思想、观念、方式、方法的信息通过各种渠道铺天盖地涌向教育第一线，充斥教师的书柜、计算机屏幕和办公桌，不少人陷于信息迷宫，甚至被垃圾信息困扰，迷失了方向。对于有独立判断、自主选择能力的教师来说，这是一种资源，一种精神财富，他们畅游其间犹如鱼入大海，而那些缺乏独立判断、自主选择的教师则无所适从。

例一：关于"开发潜能"的话题。教育的目的是最大限度地开发人的生命潜能。近几年，"开发潜能"成了学校和教育媒体最流行的词语之一。在教育理论与实践中有三种关于潜能的神话：一是稳定性，即把潜能看作是天生的、内在的、稳定不变的；二是和谐性，主张潜能与潜能之间是协调的，是可以共同实现的；三是价值性，认为"潜能"暗含一种价值肯定，似乎所有的潜能都是好的。美国当代教育哲学家谢弗勒博士在其《人类的潜能——一项教育哲学的研究》的著作中针对上述三个观点，提出了三种新的替代性概念：一是"作为可能性的潜能"，因为一个人潜能的实现受制于意图、资源和环境，并随时间而变化，"后天"打败"先天"的例子在现实生活中并不鲜见；二是"作为倾向性的潜能"，因为每个人都拥有多种潜能，但他必须作出选择，潜能的实现是有条件的，且是互相冲突的；三是"作为能动性的潜能"，潜能是个中性词，既可以是善的，也可以是恶的，既可以是有价值的，也可以是无价值的（根据刘徽编著《改变教学的36部教育名著》）。同时，还有马斯洛理论与潜能理论密切相关的本能、类本能理论等，对一种教育理论观点的判断和选择，直接影响到教师对教育教学策略的制定，甚至影响到其教育科研。因为不同的理论支点，决定着不同的研究方向。

例二：关于脑科学与教育的话题。大脑的左右脑分工及"开发右脑"的观点，曾一度盛行，以"开发右脑"为噱头的教育产品充斥于市。神经科学研究的最新成果告诉我们：

大脑是一个整合的、互动的神经网络，其两半球无时无刻不在进行信息的传递与交流（脑功能"整体说"）。

大脑是一个复杂、动态的系统。受学习、训练以及经验的影响，大脑皮层会出现结构的变化和功能的重组，即出现可塑性。幼儿、成人甚至老年人的大脑都存在可塑性，且不因年龄的增长而丧失。

大脑的发展存在"敏感期"。在儿童大脑发展的"敏感期"，为其提供适应的环境和学习条件，有利于儿童认知功能得到适宜发展。

不同的刺激和经验会使大脑不同区域的可塑性有所不同。比如："海马"在空间定位和空间记忆的过程中扮演重要角色，双侧顶内沟容易被数字意识激活，杏仁核在情绪信息与社交信号的加工中会出现激活。（根据王亚鹏、董奇《基于脑的教育：神经科学研究对教育的启示》，《教育研究》2010年第11期）。善于独立判断、自主选择的老师不会被那些简单的左右脑分工及开发右脑的观念所左右，他们会将脑科学研究的最新成果运用到教育教学过程中，既促进儿童大脑的健康发育，又教会学生科学用脑。他们还会从有关成年人、老年人的大脑同样具有可塑性，且不因年龄的增长而丧失的研究成果中获得教师终身学习的脑科学依据而动力倍增。

例三：关于快乐学习的话题。"寓教于乐"发轫于孔子和苏格拉底。"快乐教育"、"快乐学校"、"快乐学习"在国外的一些优秀中小学流行了许多年，并形成管理方面的特色。"快乐学习"有六大特征：①快乐学习的环境；②快乐学习的氛围；③快乐学习的条件；④快乐学习的方法；⑤快乐学习的过程；⑥快乐学习中的成长。每个学生都自由而快乐地学习，这是一种多么美妙的境界！近年来"快乐教育"的理念为我国不少中小学校领导和老师所认同，并在办学实践中借鉴，这当然是一件好事。但是其中也不乏并未理解"快乐教育"的深刻内涵，不顾自身条件而跟风贴标签者。

这里，我想说一说学习中"不快乐"的一面。让我们回到现实：其一，在学习中有时需要艰难的思考，有时需要辛苦的记忆，有时需要自我约束、制度约束，有时需要顽强的意志力支撑，否则何来"书山有路勤为径，学海无涯苦作舟"之说？因为学习是一种付出，一种劳动，一种责任，成人与孩子概莫能外。其二，你只需到每年的高考现场去看一看，就会明白为什么很多好的教育理念和方法只能走到小学就中断了。人口压力、升学压力、就业压力迫使许多家长忍痛让在小学里自由快乐学习的孩子进兴趣班、强化班、补习班、野营训练，请家教，让孩子早吃苦，不少孩子星期天流着眼泪弹钢琴，何乐之有？其三，挫折教育、吃苦教育、适应复杂生存环境教育在现代教育中仍有积极意义，应占一席之地。其四，即使是美国、加拿大、英国等国以小学生自由、快乐地学习为特色的著名学校，也有严格的纪律及学生家长对孩子严格管教的一面。一位叫方柏林的美籍文化教育学者谈到自己在美国读四年级的女儿的阅读时说，孩子在学校有固定的阅读时间，回家之后，还要在家长的督促下每天至少看 20 分钟的课外书，一学期下来大约读三四十本书。学校对学生阅读过的每本书都有相应的测试题，学生必须用电脑完成测试题，积累"加速阅读积分"。测试题分成词汇、理解、文学、研究几大块，每块再细分，如理解部分包括字面理解、判断和阐释、总结和归纳、分析和评估等。这可不是轻轻松松就能完成的学习任务啊！一个有独立判断力的老师绝不会把"快乐学习"简单地等同于"放任自流的学习、无计划的学习、松散懈怠的学习、无纪律约束的学习、不需付出努力的学习"，他们会吸纳其思想精华，分析自己班级的条件与资源，结合社区、家长对孩子关于学习的主流价值取向，调整自己的教学思路，既让孩子们自由快乐地学习成长，又使他们从小懂得敢付出、敢吃苦、敢拼搏、有担当、明是非、讲原则、负责任，勇于克服学习中的困难，从而享受付出之后获得成功的快乐，享受攻坚克难的创造之乐，实践之乐。

5. 独创精神。

教师从事的是创造性劳动，独创精神是教师最可贵的精神品质。具有独创精神的教师对教育教学中的现象、问题具有敏锐的观察力和丰富的想象力。他们喜欢问为什么；他们长于求异思维，具有流畅性、变通性、独特性的思维特点；他们既自信又有很强的反思意识，因此常常在课堂教学中面对突如其来的挑战应对自如；他们长于教学研究，往往是学科带头人或教研骨干；他们有极强的意志力，探究问题或从事他们感兴趣的工作，能坚持不懈，直至取得最终成果。创办特色学校，培养创新型人才，呼唤教师的独创精神。

二、做一个有方法的教师

实施素质教育早已成为教育行业的共识，但真正进校园落地生根、真正进学科开花结果却并不容易。新课改十多年了，《人民教育》记者余慧娟在课改十年述评中有一段发人深省的话，给我留下了深刻的印象。她写道："在'孕育人'的最核心地带——课堂，依然是古老而沉闷的气息。上课程序和内容几十年几乎就没有变过。只要拿着教科书和教参，教师很容易就可以上讲台'讲课'。学生的生活几乎如出一辙：大量练习、大量记忆。"

"这个源自西方近代工业社会的教学模式，身上打满了工业生产线的深刻烙印——传授（常常是灌输）知识（大多是远离生活的抽象知识）、强化训练、高度统一（基于抽象的人而不是具体的人）。人被'物'化的痕迹随处可见。"

出现上述现象原因固然很多，如升学、就业、制度配套改革滞后、评价体系陈旧或不完善等，但是，方法的缺失不能不说是重要因素之一。思想与理念要借助方法才能变为实际行动，践行素质教育、实施新课改必须有相应的、有效的、基于实践的方法论学说的支撑。"科学随着方法学上获得的成就而不断跃进。方法学每前进一步，我们便仿佛上升了一级阶梯，于是我们就展开更广阔的眼界，看见从未见过的事物。"（巴甫洛夫）

求新求异是人的本能，老师们是乐意尝试新方法的。但是教育改革是个系统工程，小学一轮就需六年，可见进程之缓慢。要摒弃陈旧的教育教学方法，建立一套符合时代要求的、人性化的、促进学生全面而有个性发展的、培育学生创新精神和实践能力的、全面提高教育质量的新的教育方法体系绝非易事。怎样提高教师的方法意识，促进教师不断总结创新教学方法呢？

1. 求实务虚。

我们学校有一个小会议室，我借用郭沫若先生给母校题写的楹联横额"求实务虚"作为它的名称。并不是小会议室有什么特别之处，我只是想借郭老语随时提醒同事们，既要求实又要务虚。我对老师要求四个实：求儿童健康发展之实，求儿童情感发展之实，求儿童思维能力发展之实，求知识技能发展之实。求实，追求一切遵循客观规律，一切从实际出发的工作方法；

求实，不空谈，不搞花架子，富有实干精神。务虚，则要求学习先进思想，总结创新教育思想，践行先进的教育理念，既重实践，又重理论指导实践的价值，既扎实工作，又讲究工作方法。随着时间的推移，求实务虚成了学校各方面工作的一个重要的方法论原则。比如，在制定学校整体规划时，以"核心在理念、关键在机制、根本在创新、特色在课程、立校在文化"五条作为研制推进学校发展策略的原则。在建立管理制度过程中，首先从学校实际情况出发，以校情、学情为基础，在先进的制度理念指导下，通过民主程序制定出学校规章制度，并在实施过程中不断修订，不断完善，这就是一个求实务虚的过程，即使上一节课也是如此。

老师教学现场的行为、经历，师生的一言一行、一举一动都是具体的，实实在在的。而教学后的反思、手记则留住教学实践中的点点滴滴，或是启示，或是困惑，这就是务虚。务虚是经验的积累、思想的积累、方法的积累。随着积累的丰富，老师的课堂教学能力就会产生质的飞跃。开展任何一项教育活动前，想想为什么开展这项活动，有什么理论依据，对促进学生成长意义何在，按什么程序和方法进行。先务虚，减少盲目性。活动开展（务实）后，总结成败得失，收获新的思想与方法（务虚）。有了方法意识，并逐渐成为一种习惯，日积月累，老师们会逐步建立起自己的一套方法系统。

2. 课堂方法创新。

课堂教学方法是教师教学方法系统的核心部分，我这里指的主要是以课堂教学为范围的微观教学方法，具体性、操作性、实践性、个性化是其主要特征，越是走向课堂教学改革的深处，教学中的诸多难题就会一一暴露，需要破解，而方法就是破解难题的钥匙。比如：

——课堂教学应更加人性化，这已无人否认。然而，人性化的课堂教学应该怎样进行？在各学科教学中，如何使学生的学习更道德，更人性？如何尊重学生的能动性、自主性，依靠人的"生命动力"，唤醒并激励人性中向上的力量，促进学生成长？

——因材施教、适应差异、个性化教学，让学生成为最好的自己，在今天已成为基本的教学常识。然而当一个老师独自面对40～50个学生，兼教两个班的老师则面对近100个学生的现实时，当以什么方法实施个性化教学？

——拥有人脑加电脑双重智慧的当代儿童，在老师上课之前不少学生已通过网络教案、在线教学将新的教学内容学习过了，他们需要新的起点，新的挑战，如果老师再重复这些内容，他们必然毫无兴趣、消极甚至反感；与此同时，班里的另一部分学生（如留守儿童、隔代养育儿童、家庭学习条件差的儿童）则停留在原地需要老师的指导与帮助，如何解决这类矛盾？怎样才能既保护学生的好奇心、学习兴趣和求知欲，又能提高课堂教学效率，使教学对每一个学生都有价值？

——反对知识本位并非要弱化基础知识教学。什么方式是知识进入儿童头脑的最佳方式？现代课程强调知识的整体性、综合性、关联性和复杂性，怎样使知识教学既符合时代要求又契合儿童心理和儿童化思想？

这些问号都需要创新课堂教学方法去寻求答案。

3. 寻找正确的课堂教学方式。

课堂教学方法是由教师独立组织实施教学的方法（内容、行为、情境、细节、技术等），是在特定的时空中对课程的具体内容、细微问题、师生联动互动提供的措施。别看它们细微，它们却是促进学生发展的最为直接的能量和动力。如果课堂教学方法错误、不当、落后或缺失，那么无论多么美好的教育理想，无论多么宏伟的教育理论都将成为空中楼阁。方法错误，可能将儿童带入泥沼。因为"教育错了的儿童比未受教育的儿童离智慧更远"（卢梭）。

4. 教学方法个性化。

课堂教学方法有强烈的个性化色彩。如同教育要尊重学生个体差异一样，校长则应充分尊重教师对教学方法的选择与创新，促使其形成有个性的、独特的教学风格。

大家都知道"思想自由、兼容并包"是北京大学的治校理念。兼容并包指对多元的大学精神文化的兼容并包，对不同的学者及其学术思想、学术行为的兼容并包，这是大学繁荣发展之道。

对大多数小学教师而言，他们的研究与创新主要在实践层面，方法层面。校长应有"兼容并包"、海纳百川的胸怀，为各种性格的教师、为不同学科的教师、为采用不同教学方法与风格的教师间取长补短、共存共荣创造条件，留足发展空间，使课堂教学百花齐放、异彩纷呈、充满勃勃生机。

需要说明的是，我强调的方法是基于教学实践的、基于解决教学中具体问题的方法，基于创造性的达成有积极意义的教学目的的方法，强调手段和目的的一致性，而不是"方法中心"，更不是用一套程序或某种固化的模式束缚教师的创造精神。

下面我以一个老师的两个教学案例说明。

案例一

小孙（化名）总是记不住我所布置的作业。每次我问他："老师今天布置了什么作业？"他总是低着头，紧闭着嘴唇，一言不发，偶尔还用双手捂着脸。起初，我对这种表情不以为然，认为他是在回避我的问题。是一次家长会改变了我对小孙的看法和态度。那次家长会上，孙妈妈悄悄地对我说，小孙不仅记不住老师布置的作业，有时候连书包放在哪里都不记得，他习惯于借助别人的记忆，但又很好面子，不好意思去问同学，久而久之，因为记不住，很多该做的作业没有及时做，对课上所学的知识也不能及时吸收，这大大地影响了小孙的学习热情和学习成绩。听到此，我才恍然大悟，原来小孙的"嘴唇紧闭"表示了他的压力和焦虑，是一种很不安的表现；而用"双手捂着脸"则代表他对记忆力差这件事的羞愧和难为情。

于是，我开始尝试用一些办法来帮助他提升记忆力。比如送给他一个卡通的记事本，让他把每天要做的事情都写在上面，随身携带。他很喜欢卡通的图片，所以不会轻易乱放记事本，也就让他慢慢开始独立记忆，不再借助别人的记忆学习和生活。课堂上，我会经常排一些简单的问题提问他，让他不断获得自信心和成功感。一段时间过后，我发现他对我的提问不再是嘴唇紧闭，双手捂脸，而是高昂着头，脸上带着笑意回答，我知道他已经变了。每次上课，他经常用手往耳后塞头发，眼睛定定地看着我。我知道他是想引起我的注意。"手往耳后塞头发"的"微表情"其实是想吸引对方的注意，让对方看到自己最好的一面。

（李朝霞）

案例二

　　班上有几个学生经常擅自离开座位，而且只要其中一个开始走动，另外几个就显得格外躁动。最初，每当他们要站起来或离开座位时，我都会提醒他们坐下，但是我越是让他们坐下，越是有更多的同学离开座位。这个看似正常的举动让我很烦躁，也影响了我对他们的评价。其实，师生彼此之间互相施加影响不可能是轻而易举的事情，不少教师都容易忽略学生在不同年龄段能懂得什么，需要什么，学生也不可能听得懂教师的"谆谆教诲"和不厌其烦的教导，他们只听到了老师的"咆哮"和"责备"，觉得老师是独断专横的。在聆听了一位心理教育专家的讲座后，我一下豁然开朗了。专家说，有时候孩子显得不"正常"或者不可理喻，其实只不过是教师对学生的期待不适合他们的年龄或能力，学生的发展需求是多方面的，好动本就是孩子的天性。所以，许多被看成是"正常的行为"对于一个健康、活泼、好动的孩子来说则意味着一种束缚。

　　我静下心来，认真梳理了这几个学生的综合情况，想出了一个"反其道而行之"的办法——和他们打"心理战"。每次他们开始走动，我就假装忽略他们的行为，表扬认真听讲的同学，还故意在他们面前奖励这些同学一些小贴纸之类的礼物。我注意到，当我发礼物时，他们表情很专注，很想得到，尤其是一只脚忽然朝向座位，很想返回（微表情：一般人的一只脚突然转向另外一个方向，即代表此人想去往这个方向所在的位置）。慢慢地，我发现这几个同学的离座率下降了，学习的积极性和主动性也提高了。其实，任何一个学生都很希望得到老师的注意，不管是积极的表现还是消极的，他们本身并无恶意。

（李朝霞）

　　以上两个案例是发生教育教学现场的真实故事，我相信也是很多老师经常遇到的问题。

　　每个孩子都有自己的优缺点，只要留心观察，慢慢走进孩子的内心世界，就会与他们一起健康幸福成长。

三、做一个有幸福感的教师

幸福生活是人生的永恒话题，人类追求的是共存共荣和平发展，让地球上所有人过上幸福的生活，因而幸福是全人类为之奋斗的终极目标，是促进人类发展的不竭动力。

从学校的视角看，教师的幸福感是其学术和职业的内心深层的动因之一。缺乏幸福感的教师必然将消极倦怠或灰色的精神状态携入校园，带进教室，这样怎么能培育出快乐、阳光的学生呢？这就是我将有无幸福感作为评价教师优劣的标准之一的理由。

幸福是什么？这是小学语文教材上一篇课文的题目，也是一个没有标准答案的问题。幸福是一个内涵丰富的、可以从多个维度进行多种解释的、多元开放的复杂论题。

"牧口常三郎认为幸福是价值的创造，尼尔认为幸福意味着发现兴趣，约翰·斯图亚特·密尔认为幸福意指最大多数人获得最大利益，亚里士多德认为幸福是理论或沉思的思想活动，基督徒认为幸福是'高峰体验'、'超自然感'等"（转引自《幸福与教育》，龙宝新译，《译者序》）。美国幸福教育专家内尔·诺丁斯博士认为，幸福没有规定的定义，我们不必主张每个人都拥有相同的幸福观，她认为：

——真正的幸福需要有分享不幸的能力；

——满足一些重要需要是幸福的主要因素；

——幸福是善与美德之间具有一种稳定的关系；

——私人生活领域——家是幸福的发源地；

——具有身体魅力与人格魅力的人更容易领略到幸福感；

——人际关系领域是幸福的一个主要舞台；

——公共生活领域（民主生活、社区生活、学校生活）——融入社会、奉献社会、关怀他人，是获得幸福的主要领域。（根据《幸福与教育》整理）

哈佛大学心理学教授 Daniel Gilbert（丹尼尔吉尔伯特）的研究认为：对幸福的预测方面，大脑常常欺骗我们自己，让我们误以为成功、金钱、美貌是幸福的前提。其实每一次得到和占有都会因边际效应递减而再次让我们不满足。长久给我们带来幸福感的是体验、经历和相互滋养的关系。

在现实生活中，谋生的需要难免使人功利，社会的规范难免与个人愿望冲突，不同文化的冲突、公共生活与私人生活的差异，当下的生活与期盼的理想生活的差距，主观愿望与客观现实相悖，突发事件导致的命运改变，事业成功与家庭的不幸，子女的失败使家庭的代际改善前景暗淡甚至带来灭顶之灾等。恰如老子所言"祸兮福之所倚，福兮祸之所伏"。幸福与不幸往往在人生旅途中结伴而行，在一个人身上相互矛盾地存在着并不断变化着。这些就是难以给幸福下一个公认的定义的原因。

那么，幸福究竟是什么？人的幸福从哪里来？

幸福的内涵是多维的，范围是宽泛而复杂的。幸福是一个多元多变的概念，有人主张以"主观幸福感"来定义幸福，有人持"多元幸福观"。无论哪种幸福观，都与人对物质生活和精神生活的满足相关，没有合理的、真正需要的、健康的物质生活和丰富的精神生活，人就会焦虑、担忧、甚至恐惧，没有安全感、没有快乐。连快乐都没有，幸福何来？但这种"满足理论"不具有独立的合理性，正如人本主义心理学家马斯洛主张的那样，它必须与挫折理论、学习理论、心理健康理论、价值理论、约束理论结合才是完整的。

基于上述认识，我对"有幸福感"的教师作以下解读：

（1）教师从事的是激扬生命，促进人的成长的工作，育人的神圣则是教师职业幸福感的源头。

（2）一个具有理想色彩的教师，有高于现实、创造未来、面向世界的眼光，这种追求有价值的人生的信念，孕育教师的崇高愉悦感。

（3）在教育实践中真正理解了教育工作的意义，有一种因自己的努力直接或潜在影响社会进步，从而承担着提升人类素质关乎人类幸福的责任感、使命感和荣誉感。

（4）在与学生共同学习、共同生活的过程中感受到自我文化生活、精神生活的提升，人格因不断进化而高洁，心胸因对孩子们的关爱宽容而更加豁达，智慧因不断学习而更加丰满。

（5）体验到精神劳动、创造性工作的高贵与乐趣。

（6）从学生身上获得精神回报的满足感和自我成就感。

（7）享受学校工作的人性美、人情美和环境美。

（8）乐观、开朗、包容的良性情绪，自悦、欣慰、自信等肯定性情感和持续的工作激情。

（9）感恩教育促进自己的身心健康，及学生持续带来的纯真、童趣、健康与无边的活力。

（10）培育自尊自信、理性平和、积极向上的心态，平衡情感、容忍与消弭不幸或苦难的顽强意志与能力。

谁教育教育者

"谁教育教育者？"这是马克思在《关于费尔巴哈的提纲》中提出的问题。

10多年的校长经历告诉我，"自我教育"、"主动学习"、"终身学习"是"教育教育者"的最有效途径。

一、自我教育

人最大的敌人是自己，最好的朋友也是自己。教育是一项充分发展自我的活动，"发展学生的自我理解能力是教育活动的根本特征之一"。因此，在众多的教育论著中，以"自"开头的词语特别引人注目，比如，自律、自觉、自励、自省、自强、自我规划、自我管理、自我评价、自我指导、自我监督，等等。

因为这众多"自……"源于人的心灵深处，源于个人的道德与责任，源于自己的真实需要，是一种内在的强大的生命动力。要让学生成为最好的自己，教师首先要成为最好的自己。自我教育则是教师最重要的个人能力。自我教育是一个教师培育心态、涵养美德、平衡情感、和谐发展的基石。

关于生命科学的最新研究成果告诉我们，人的遗传和发育过程是统一的，它们受到遗传基因非常严密而有序的调控。人是自我运动的，我们不能忽视本能的力量。人的机体的自我保护、自我控制、自我指导、自我生成、自我平衡的强大能力，远远超出一般所认可的程度。

一个没有自我教育意识的教师，难有真正的素质提升和人格完善，更谈不上自我超越了。即使学校为其搭建了平台，他也因人在现场而心思在别的地方而没有真正参与，有效性极低。

二、主动学习

20世纪末，北京师范大学顾明远教授在一篇序言中谈到我们该为一个新的千年纪元准备些什么时，有以下精彩的叙述：你即将发现或者已经发现，没有永远领先一步的活跃头脑，一切高超的技巧都将成为空中楼阁；没有完善的自我感情平衡系统，紧张的生活节奏和生存压力会让人很快迷失自己。人脑的更新必须跟上电脑的更新速度，不断进行升级换代，再没有一种技能或一门知识可以为你服务一辈子。我们不是在这里增加你在新世纪的心理负担，只是想让新世纪的人们更清醒地认识到，在这个动态的不断变化的世界中，你唯一的选择就是变化得更快。而变化得更快的唯一先决条件就是：学会了怎样学习……下世纪的文盲是那些不会主动寻求新知识的人，也就是不会学习的人。

被动学习与主动学习其价值与效率有着天壤之别。

被动学习者，缺乏的是学习的热忱和自觉，学习的动力往往缘于外在的压力。比如，生存竞争的压力、适应职业的最基本需要的压力、完成基本的工作任务的压力等，这是一种较低层次的学习。

主动学习者，学习的动力源于积极的精神追求。如，自觉应对社会变化的挑战，不断提升自己的能力，不断完善自身的素质，不断超越自我，发展自我的需要；主动学习新知识，运用新知识，让学习与工作、生活融为一体，成为自己的一种生存方式和生活方式；将学习新知识与探索未知领域结合起来，与教育教学改革创新结合起来，让学习走在实践的前面，实现面向未来的学习；为坚守教育信念，实现生命价值，追求人生理想的需要而学习。总之，主动的学习，是来自内心动力、满足内在需求的高层次学习。

教师的专业发展，教学能力与时俱进是由其内在学识、情感、意志构成的整体心理结构和精神力量支撑的，这种强有力的支撑的重要来源之一就是学习。

主动的学习者，是一个会学习的人。读书自不必说，课堂教学中向学生学习，教研活动中向同事学习，开家长会时向家长学习，参加学术会议时向行家学习。教师要有求助于同事的勇气和乐于为他人提建议的习惯。只要用心参与，善于融会贯通，从各方面获取的知识都会内化为自己潜在的能量。

主动的学习者，是善于快速学习的人。他们通过继承性学习掌握那些超越时代而不变的知识，又通过快速学习，超前学习，敏锐把握那些随时代变化的新知识，而始终站在新时代知识的前沿，既不是时代落伍者更不是被时代淘汰者，而是走在时代前面的人。

主动的学习者，是善于创造性学习的人。他们常常喜欢采用"问题式、批判式、研究式、自主式"的学习方式，从教育教学中的问题出发，打破传统观念和权威模式，克服从众心理，独辟蹊径，寻求最佳解决方案，并付诸实践。他们通过学习常常创造出新的教研成果。

只有主动学习，才会有高涨的学习热忱、持续的学习兴趣、恒久的学习动力。主动的学习者，富有开放的精神，他们善于吸收、借鉴别人的思想，同时又有批判的态度和怀疑精神。由于他们自身主动学习，真正体验到学习的奥秘，因而也是指导学生学习的佼佼者。关于学习的话题在后面的章节中还有述及。

三、终身学习

为迎接新世纪的挑战，联合国教科文组织曾分别在中国、日本和意大利召开了以"发展一种21世纪的新学习观"、"终身学习——面向未来的战略"、"终身学习是21世纪的生存概念"为主题的国际研讨会，会议强调，如果没有终身学习的意识，就难以在新的世纪立足。二十多年过去了，"学习型社会"、"学习型国家"、"终身学习"这些观念早已成为国人共识。问题的关键在于，有多少人在践行这些观念？教师在各种行业中学习的条件，参与各类学习及培训的机会，自身的学习能力，职业与学习的密切程度对促进学习都占较强的优势。而实际情况却是被动学习者众，主动学习者寡。"成年人慢

慢被时代淘汰的最大原因不是年龄的增长，而是学习热忱的减退。"（罗曼·罗兰）

一个"有思想、有方法、有幸福感"的教师必定是一个持续主动学习的人。学习是思想之源涌流不竭的保障，是思想之树常青的最丰富的营养补给库。

自觉的变革者

思想改变理念，理念改变行为。一个好教师，必然是一个不断变革，不断创新以适应环境变化的人。

首先，学生要求老师成为一个变革者。

让我们想象一下课堂教学的场景：讲台上的一个高速转动的大脑，面对课桌旁同样飞速转动的几十个大脑，这些大脑每分每秒都可能碰撞出无数的思维火花、情感火花及肢体语言的火花、构成一个流光溢彩、绚烂缤纷的"世界"。

这个"世界"因碰撞而精彩，因无序而复杂，因变化而奥妙无穷！

过去，教师主要凭借知识获得权威与尊严从而左右课堂教学活动，甚至出现了几部书可在课堂上延续数千年的奇观（中国古代教育）。"当今世界我们每个人都可获得人类所学知识、智慧和美的遗产。这样的时代在人类历史中是首次出现。"（罗伯特·格洛斯）还有一种生动的说法："学生离知识的仓库有多远？一根网线而已。"一个小学生一旦过了识字关即可通过在线教育，通过网络让自己在课堂上与老师站在同一起跑线上。老师要想在 21 世纪的课堂上站稳脚跟，只有不断创新，做一个自觉的变革者。

其次，时代推动教师成为一个变革者。新西兰文化学者戈登·德莱顿曾风趣地说："如果通过奇迹使一个死于 100 年前的人复活，那么他将惊叹他所看到的美国社会的转型，取代莱诺打字机的是电脑，取代牛车马车的是汽车，取代手摇电话的是卫星通信和光缆传播……只有一个场合，我们的这位观光者会发现它与 100 年前没什么两样，那就是美国的学校和教室。"戈登·德莱顿指出了学校发展相对于时代进步的滞后性。事实上，学校的变革每时每刻都在进行着，尤其是网络学校，网络教室诞生以后，这种变革更为剧烈。随着社会对教育的要求不断提高，教师进行教学改革的节奏和步伐也必然加快。

最后，我国有两亿多中小学生，这是世界上规模最庞大的基础教育群体，但育人模式、学校管理体制雷同，教学内容、评价方式等整齐划一的现象仍很突出，学校要多元化、特色化发展，必须进一步对学制、课程、教材、教法、评价等诸方面进行改革。

虽然《基础教育课程改革纲要（试行）》和《国家中长期教育改革和发展规划纲要 2010—2020》赋予教师参与学校制度建设、参与校本课程开发、自主选择教学内容与方法等多方面的自主权，极大地推动了教师更新思想观念、改进教育教学方法，但是老传统的巨大影响及其思维惯性导致的"穿新鞋走老路"的现象仍很严重。因此，由重教向重学转变，由重知识向重学生发展转变，由重知识传授向重过程体验转变，由重共性向重个性转变，由重"双基"向"知识与技能、过程与方法、情感态度与价值观"三维并重转变依然是教师教育思想变革的核心内容。站在教育最前沿的教师，必须承担"自觉改革"的使命。

优秀的引导者

新世纪呼唤新教育，新教育呼唤新教师。我们的"新学堂"要求我们的每一位教师彻彻底底地实现角色的转换，即由课堂上的权威者、控制者变为理性的引领者、潜能的开发者、课程的帮助指导者、智慧的启迪者、学习的帮助者、活动的组织者、生活的服务者。以美国心理学家马斯洛为代表的人本学派认为，教师最重要的素质并不是智能方面的，不是所谓的掌握有"正确的答案"，而是需要有意愿帮助学生一起探索答案的人。教师的角色首先是教师，严格要求，正确引领；教师又是家长，真诚而理智地爱学生；教师与学生是朋友，平等对话与交流；教师又是学生，向学生学习，在课堂中学习。

这里用"优秀的引导者"对一流教师担当的角色作一概括性表述。

对教师不同的角色定位，体现着不同的教育观念和教学方式。因此，关于教师和学生谁是"主体"、谁是"主导"、谁是"中心"、谁是"非中心"等问题，争论了若干年。国家的两个"纲要"中关于把育人为本，作为教育改革发展工作方针的精神，基本上给争论画上了句号，一切为了促进学生健康成长成为共识。这是主流趋势。事实上，就某个教育行为的局部，或某堂课的教学而言，是不必太局限于"主体"或"主导"、"中心"或"非中心"的。

"引导"暗含指导、引领、启示、帮助多层意思。优秀的引导者，首先，要有先进的价值观、人才观、课程观、学生观等，即新的教育观，使引导有正确的发展方向。其次，在变革教育观念的同时，变革教育教学方式，如探究式教学、情境体验式教学、对话式教学、合作学习等，使引导有科学的方法。最后，引导的内容包含立德树人的方方面面，包含新课标规定的知识与技能、过程与方法、情感态度与价值观诸方面。就课堂教学而言，"引导"比"传授"要求更高，教师必须具备较广阔、深厚的知识面和理论水准，敏锐的洞察力和应变能力，引导学生改组教材、补充教材，即时创新课程，启迪学生整合运用知识，进行创造性思维能力的培养，还要求教师具有关爱、宽容、尊重的人文情怀和平等民主的思想作风等。

出色的管理者

校长的管理对象主要是教师，教师的管理对象主要是学生。在学校，教师对学生的管理无处不在。一流的教师同时也是一流的管理者。

现代学校制度虽然强调尊重学生的天性，尊重学生的自主权，学生是主人，学生是教师的服务对象；强调学生参与学校规章制度的建设及实施；强调学生自治、自律；强调培养学生自我管理能力；强调促进学生自由发展，个性化发展。但是，这一切都是以教师精心组织、负责任的管理为前提和基础的。

德国有一所世界闻名的学校叫萨勒姆王宫中学，它的办学理念就是严格公正的纪律教育，"爱中有纪律"的教育体现在该校的方方面面。纪律就是规章制度，就是一种制度管理手段。

我们附小既是一所开放式的、学生享有充分自由的学校，同时又是一所管理严格、纪律严明的学校。真正的自由，正是来自公正严格的纪律，来自自我行为的规范。

—— 教师的管理给孩子们安全感；

—— 教师的管理给孩子们方向感；

—— 教师的管理培养孩子们遵纪守法的初步观念。

通过学校的生活常规管理，仪式化的文明规则训练，良好的秩序与纪律培养，适当的批评甚至处罚教育，使孩子们从小知道依循规则，懂得责任，有敬畏感，他们的成长道路会更顺利，更健康，即人们常说的"心存敬畏，一生平安"。如果等到孩子们步入社会，受到社会法则严酷的教育时，方才醒悟规则法纪的重要，代价就太大了。

当然这里所说的管理必须建立在正义、公平的基础上，必须以爱与信赖为前提。学生真诚地信任教师，他就会对其执行纪律、批评教育有正确的态度，不会认为是老师对他的强制剥夺或人格侵犯，从而激烈地对抗。

总之，没有严格纪律的学校，是杂乱无序的学校，管理缺失的课堂是混乱低效的课堂，一个优秀的教师一定是一位出色的管理者。

第五章

如何办好学校

★ 1.什么是学校持续发展的动力？

★ 2.为什么说除了改革创新，学校别无选择？

★ 3.学校的特色是如何形成的？

创新促进发展。
创新孕育特色。
创新提高质量。
除了改革创新，
学校别无选择。

特定的大背景

教育实践告诉我，"改革创新"说起来容易，但要真行动起来，却是阻碍重重。

与中国历次教育改革相比，以中华人民共和国教育部《基础教育课程改革纲要（试行）》、《国家中长期教育改革和发展规划纲要（2010—2020）》为标志的新一轮教育改革与创新的浪潮对僵化、保守、封闭、落后的以"大一统"为特征的旧教育体制的方方面面进行猛烈的冲击，迅速而又深刻地改变着教师们的教育思想观念和学生的学习方式。"纲要"从教育强国、人才强国、建设创新型国家的高度，以一个大国的博大胸怀，立足国情，凝聚多方智慧，借鉴世界各国先进理念经验，遵循教育规律而制定的新的国家教育发展战略。

改革创新是"纲要"的主旋律；改革创新是学校体现国家战略的责任与使命，改革创新是学校生存与发展的必然选择。

大的政策环境对学校改革创新是极力扶持的。但是长期以来，我们习惯了"大一统"、"标准化"的教育生态，旧的管理体制的影响，侧重以量化分数作为评价学校质量的主要标准的倾向，考试方法及制度改革的相对滞后等，给学校改革创新的压力是沉重的。

从社会的角度特别是从家长的角度来说，特别是大多数普通家庭，社会的现实一再告诫他们，要让子女生活得体面，获得一份理想的职业，主要的渠道依然是通过考试。而他们自己就是从重重叠叠的考试关中走过来的，他们大都信奉"时间的累积＝考试知识的增长＝高分的成绩＝一流的大学＝体面的职业"，"上大学"几乎成了家长衡量基础教育唯一的价值标杆，因而，学校的每一项变革，特别是关于课程教法的哪怕一点儿小小的变动都会牵动家长的神经。比如，他们会问："为什么家庭作业减少了？""为什么活动课程（少数家长认为玩的课程）那么多？""为什么延长课间休息时间？"家长都疼爱孩子，都知道身心健康对于人的重要意义，但当学校真正"减负"时，他们又担心影响孩子的学业而矛盾地提出异议，成为改革的阻力。

在学校内部，也存在教师对改革不适应，不理解的状况。主要表现在三个方面：一是观念难以真正转变。现在教师都受过良好的专业训练，具有较强的专业知识教育实践，他们已形成了自己的一套观念系统，借用埃德加·莫兰的观点，教师们这一观念系统中潜藏着两个焦点：其一，教师们的专业知识在学科的专业化框架内是分离的、被肢解的、箱格化的，而教育课程改革要解决的问题往往是多学科的、横向延伸的、多维度的、跨国界的、总体性的、全球化的，两者之间难以适应；其二，经时间、实践固化的观念系统具有排他性，新的观念或理论要进入已有的系统必然遭遇抵抗。这两个焦点是教师进行深层次教育观念变革的困难所在。三是受陈规旧制的影响。习惯的力量是强大的，不少教师自觉或不自觉地固守着习惯了的教学方式，喊着新口号，念着新术语，教学仍是老法子。四是不知路在何方。这部分教师有变革的强烈愿望，却苦于找不到突破口。新课程改革已进行好些年了，但一些教师对新课标的解读仍停留在表面理解的层次，看不到这场改革与实践大格局变化之间的联系，看不到教育科学领域正在经历的范式转换，不了解课程改革的理论背景，因而无法领会新课标深刻的精神内涵，课改中的盲目与肤浅也就在所难免了。

尽管困难重重，改革创新的路也必须走下去。我赞成"学校产生社会"的观点，今天的孩子在 10 年 20 年之后就是改革社会的主力。如果我们培养的学生若干年之后无法适应社会的需要，甚至成了"书呆网呆"、"蚁族"、"宅男宅女"、"啃老族"或"精致的利己主义者"，就是误人子弟。

"学校改革必须从更新思想观念入手"。"更新观念，首先要看清楚这个急剧变化的现实世界和不断发展不断创新的精神世界，从一个大时代特定的背景中理解为什么要改革，再进一步探讨怎样改革。"

于是教师们把目光投向了世界。

一道世界难题

步履匆匆的人类社会正沿着原始农耕文明——农业文明——工业文明——后工业文明的时空隧道进入公元第三个千年（工业文明18世纪60年代—20世纪上半期，后工业文明20世纪四五十年代至今）。"过去的一千年……人类在选择开放、选择自由、选择民主与科学、选择市场经济的过程中，也选择了战争、选择了动乱、选择了灾难，选择了困境与悖论。人的欲望在数字化生存的支撑下，无限地膨胀，由此引发的环境破坏、自然资源的滥用、对享乐的盲目追求达到了登峰造极的地步。人与自然处于激烈的对立状态。经济发展的不平衡和强势民族欲壑难填的利益诉求，使各种文明转入冲突的阴影，普泛可行的伦理准则正在很多地方变成空壳。而与道德伦理的丧失相对应的是恐怖事件不断发生，生存环境浑浊不安，就像野生物种迅速灭绝，弱小民族的文化也正在走向濒危。"（引自杨晖等主编《千年论坛：智慧在此》，湖南大学出版社，2002年4月版）历史的进化伴随着随机性和不确定性，人类社会总是在动荡中、在危机中、在探险中不断演进的，我们期盼新的千年是一个积极的演变过程。

现代科技革命推动生产力高速发展，社会经济结构急剧变化，当代社会一个全新的信息工业化时代，是一个以知识经济为特征的时代。一些理论家称这个时代为后现代时代。尽管对后现代尚无公认的界定与描述，但许多新的科学理论，如新物理学、新生物学、混沌理论、复杂理论、耗散结构理论、后现代课程观、全球化与后现代教育学等正在颠覆着传统的思想与观念。我们每个人真真切切感受到了一个开放、多元、瞬息万变的新时代正扑面而来。

回望离开我们尚不太远的20世纪的背影，能帮助我们认识我们正生活其中的新世纪。这些都是对学校产生巨大影响的决定性因素，因为：什么样的社会产生什么样的学校。

下面，还要讨论一个影响学校及其改革，挑战校长智慧的问题。正如人们日益意识到和亲身体验到的那样，正在大踏步向现代化迈进的中国和那些已经实现现代化的国家的人们，一方面享受着现代化带来的物质和精神上的进步和生活水平的提高，另一方面又承受着现代化的弊端对人类社会的严重威胁及其导致的深刻的文明危机。

　　现代化依赖现代科学技术的发展进步，而最先进的科学技术往往最先用于军事领域。自从爱因斯坦写给罗斯福总统的那封信引爆了世界上第一颗原子弹以来，恐怖的蘑菇云一直笼罩着地球，且随着核技术的发展，核扩散在加剧、核弹因小型化而增长，自我毁灭的潜在可能，幽灵般地伴随着人类前行。在生物、化学、生命科学、信息技术等领域毫无节制的现代技术把新武器军事装备推到了一个更新的、叫人不寒而栗的境地……这一切似乎都在证明着一个恐怖的魔咒："人类的进化是致死的力量的增长。"

　　现代科学技术对自然肆无忌惮的残酷统治、对资源的疯狂掠夺、对环境的毒化、从陆地到海洋到太空，可谓空前绝后，这有可能导致生态系统瘫痪和人类生死攸关的生物圈的死亡……这些无不威胁着人的生存及人以外的各种生物的安全，并有可能把人类一步步导向万劫不复的绝境。

　　现代社会对科学技术的崇拜、对高新科技的无限追求，高科技的工业与军事的一体化倾向，国与国之间的恶性竞争，占据技术制高点的国家拥有更多的强权与话语霸权，贫困、饥饿、剥削、对弱小民族的操纵与颠覆……还有人口危机、食品供应危机、健康问题危机、新疾病的危机等，使这个蓝色星球动荡不安。

　　在我国的现代化进程中，随着科学技术飞速发展，改革开放、市场经济不断深入，人们在分享现代化带来的物质文明与精神文明的同时，也经历着来自方方面面的负面影响，在高新技术、数字化生存的环境中人性中邪恶的一面恶性膨胀，道德沦丧，精神迷惘，信仰危机、诚信危机、情感危机袭扰着中国人的精神世界。王坤庆在《精神与教育———一种教育哲学视角的当代教育反思与建构》一书中描绘了反映当代中国人的精神世界的四幅图景："第一幅图景是人的善良情感的淡漠、退化与意志品质的衰弱；第二幅图景是以形而上学为本质特征的创造性思维的贫乏甚至空缺；第三幅图景是大众生活秩序的功利化和情绪化，以致带来难以估量的精神荒芜；第四幅图景是扭曲的教育带来了人的发展的畸形。"

现代化给人类带来的发展与进步我们有目共睹，现代化给社会留下的种种弊端也不容忽视。我引用相关资料着重分析现代化的负面影响，或许有些危言耸听，我的意图在于引起大家对下面这个问题的关注，即如何推动现代化的进程，又有效地避免现代化带来的种种弊端，推进社会良性发展、可持续发展。

这是人类发展长河中的一道世界难题。

这是摆在地球村每一个成员面前十分严峻的问题。

这也是挑战校长智慧的问题。

为什么说这个问题挑战校长的智慧？因为提供最佳答案的那些人说不定此时此刻正坐在你的学校某个班级里的一张张小椅子上。

教师从事的是精神劳动，了解世界思想领域的变革、发展与创新的新成果及发展方向无疑具有先导作用和启示作用。

科技发展史告诉我们：举凡自然科学理论上的重大突破，无不对人类具有方法论的作用；某个时代占支配地位的科学理论，必然影响那个时代的社会思想观念和思维方式；一个时代主流的社会思维方式，必然影响以多门学科的交叉与合流为特点的教育思想与方法。

为帮助教师们了解从自然科学理论到教育思想与方法的沿革，我整理工业文明时代与后工业文明时代对世界影响力巨大的现代主义和后现代主义思潮的一些观点对教育的影响进行对比分析。

由于教育思想是一个庞大的系统，影响学校课程与教学的理论众多，下面试从一个角度理一理发展脉络。

一、科技发展史的启示：

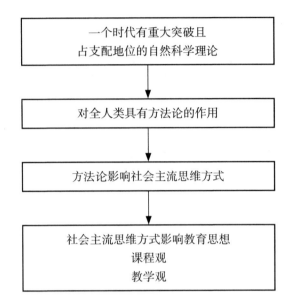

一个时代有重大突破且
占支配地位的自然科学理论

↓

对全人类具有方法论的作用

↓

方法论影响社会主流思维方式

↓

社会主流思维方式影响教育思想
课程观
教学观

二、主要观点列举：

1. 现代主义思潮。

（工业文明时代：约 18 世纪 60 年代—20 世纪上半期）

宇宙观、方法论：

（1）确定的、稳定的、有序的、封闭的宇宙；

（2）犹如一个巨大机器的宇宙；

（3）一切事物都可以用机械的原理来解释；

（4）一切都可以通过推算、演绎来严格控制；

（5）物理学是所有科学的典范模式；

（6）机械论、技术主义。

社会主流思维方式：

（1）通过标准化达到控制，通过效率达到进步；

（2）思维方式特征：因果预测性、线性序列化、封闭性；

（3）工业化创造的丰富物质财富，会使人类社会走向更美好、更公正、更道德的社会。

对教育思想观念的影响：

（1）从某种角度而言，我们的学校是将原材料制成产品以满足生活中各种工厂的需要；

（2）机械性隐喻：

齿轮驱动——传输交换、外力推动、没有改变；

物理变化——改变形态、没有生成。

①学校即工厂

②教室即车间

③教学即标准化生产

2. 后现代主义思潮。

（后工业文明时代：约20世纪40年代至今）

宇宙观、方法论：

（1）不确定的、不稳定的、变化着的、开放性的、矛盾冲突的宇宙；

（2）现代科学正处于范式变革之中，新范式中将产生新的科学观——复杂性、不确定性和互动性的科学观，而自组织、耗散结构、生态平衡、间断性进化、复杂理论……将是其中最重要的概念。

社会主流思维方式：

（1）后现代主义思想家试图为人类寻找既实现现代化又避免现代化负面影响的第三条道路；

（2）后现代主义倡导创造性、多元论、鼓励开放性思维；倡导自由，激励思想解放；倡导对世界的关爱，推崇生态主义；强调内在联系，倡导人与人、人与自然的和谐关系。

对教育思想观念的影响：

（1）开放的、生物学导向的模式，视人类及其学习过程与自组织的生命系统相关联，生命系统是开放系统，因此教育发展奠基于人性为特征的系统时才能取得最佳效果；

（2）生态性隐喻：

生命动力——生成性、自组织、开放的、创造的；

化学反应——变化与生成、以不同方式组合产生无限多的可能；

育人为本的课程，促进学生成长的教学。

注：资料主要根据［《后现代课程观》（美）小威廉姆E? 多尔著，王红宇译，教育科学出版社］、［《后现代精神》（美）大卫? 雷? 格里芬编，王成兵译，中央编译出版社］、［《复杂性理论与教育问题》（法）埃德加? 莫兰著，陈一壮译，北京大学出版社］整理。

这一简单分析，可以看出"机械论"、"标准化"对传统课程与教学的影响和后现代思潮对新课改的导向作用的大致轮廓。

人有时挺奇怪，对于浸泡其中的现实环境往往迷失、浑噩，这大概就是古人感叹的"不识庐山真面目，只缘身在此山中"及复杂性思维范式的创立者埃德加·莫兰所谓的"认识中的盲点"吧！

通过对自身生存环境的再认识，对现代化带给我们的危机与困惑的深度思考，对大家耳熟能详的教育教学观点重新解读，将一所学校的改革放到一个现实的理论的大背景中，帮助老师们理解一个国家一个民族为应对世界大格局的发展变化趋势而制定的教育发展战略。也加深了对本校各项改革的必要性和现实意义的认识。基于以上认识，我们推出了一个核心概念，三个核心理念，既转变思想观念又创新思想观念；既是理论支撑，又是实施策略。

核心概念——新学堂

本书第二章，我叙述过"新学堂"概念的由来及其对附小的意义。"学堂"原本是一个胡子很长的术语，灵魂在于一个"新"字，与西方教育相比，我们的教育最缺少的就是创新。与西方学生相比，我们的学生最缺少的也是创新精神。用一些新的教育理念，探索一条改革创新的办学之路，以一种富有时代气息的、崭新的学校教育，为孩子们奠定幸福的人生之路的基石是我的梦想，"新学堂"起着革故鼎新的导向作用。

支撑这个概念的是一系列新的办学理念。

一、动起来，让每个生命更精彩

这个办学理念经过几年的实践——认识——再实践，它的内涵逐渐丰富。

这个办学理念，至少有以下几重含义：

●动是生，动是活，动是变，动是转化，动是参与，动是实践；学校教育中的一切活动都是直面儿童生命成长的行为——"学生的成长在活动中"。

●儿童秉承着人类数百万年进化的先天素质，这是儿童成长的强大的内驱力——生命动力。学校的目的不是压抑这种力量，而是要保护它，解放它，发扬它。

●与时代精神相适应的"生命理想"才精彩。

●形成积极、向上、进取的生命价值观的生命才精彩。

●自我的生命，只有与他人的生命与多种生物的生命共生共荣时才精彩。

●学校的使命就是将美德与智慧的阳光撒播在儿童的生命理想中，照亮孩子整个生命过程。

●基因遗传发育成生命，这是一个自控的成长过程，学校教育不是控制，而是唤醒、是引领、是感化生命本性的工程；是提升生命价值、涵养人性的过程，是让每个生命用他自己的方式健康、快乐地成长的过程。

●每个生命都是与众不同的，开放、关爱、尊重、平等、对话、自主、探究、合作等教育方式，是滋养生命独立的、有个性的、创造性地发展的有效方式。

●动是生命的本性，脑动、眼动、手动、腿动、身动是内在的生命力的张扬，是感悟生命意义、提升生命价值、促进生命成长的"体操"。

●只有学会从生活中、从自然中、从文化中、从他人生命精神中吸收能量的生命，才是最具活力的生命。

●人的生命是自我生成，且处于不断发展变化之中的，自主性、自由性、独特性、创造性是其重要特性。教师要尊重生命，要充分认识儿童成长与发展过程中的复杂性、不确定性、和无限可能性，切不可用物化的方式干扰或扭曲儿童生命成长的历程。

●尊重每个生命的教育是人性化的教育。"人性化的教育呵护生命，富有情感，崇尚理性，提倡高尚的人文精神，创造和谐、温馨和舒适的环境，最终更有利于每个人的生存和发展，更好地维护个人的尊严和权利。"（肖绍明、扈中平）

●关注生命，关注人性的学校教育是真正培养人的教育。教育教学进程不仅着力实现知识与技能的目标，而且通过激发学生理想、兴趣、激情、质疑、反思、求异、求新、想象、创造等积极因素和向上的力量，以培育其丰满的人性，提升生命的意义。

●人性是人生命的自然属性与社会属性的统一。学校教育可通过形式多样的活动、交往对话、参与体验、主动而有情趣的学习推进教育的人性化，以其高贵、丰富的精神力量使儿童人性升华，人格健全。

●人的生命系统是一个复杂的开放的系统，自我组织、自我生成、自我创造、相互作用是其成长的基本特点。学校教育正是在教师和学生的"相互作用"过程中，促进并形成生命内在的生成与创造的强大动力，培养具有创新精神和创造能力的人。

学校丰富多彩的科技活动、艺术教育活动、体育活动、社会实践活动、德育主题活动、礼仪活动、家校共育活动和以综合性、实践性为特征的活动课程系列，都发轫于"动起来，让每个生命更精彩"这一核心理念。

二、第一标准

儿童健康是评价学校教育质量的第一标准，这是2008年我们提出的最有创新意义的办学理念。

一石激起千层浪。此观点一出，立即成为热门话题，赞成者有之，抨击者有之，质疑者有之，担心者有之。

我明白，话题的焦点是这个"第一"，理念的价值所在是这个"第一"，创新意义也是这个"第一"。这个标准切中了教育时弊，为解决"一代人体质下降"这个令全民族忧心的巨大难题提出了一种尝试性解决方案。有专家警告，青少年一代体质、综合素质持续下降，意味着种族退化！然而，要真正解决这个问题，政府部门要承担政策风险，学校要承担来自方方面面的压力，于是教育界出现了学校减负、家庭和社会加负，儿子学奥数、父亲当陪练，女儿补习、妈妈陪读，幼儿教育小学化、以分数为目标的合同制教学等乱象。对学生体质不断下降的现实麻木不仁，这才是中国教育最大的隐忧。提高学生身体素质迫在眉睫。在一个恰当的时机出这个"第一标准"，为解决中国教育一大难题提供一条新的思路，为全面推进素质教育、改革学校评价体系更是一种有益的尝试。

如前所述，任何一种教育观点都不是天上掉下来的，它源于实践，源于社会的要求，源于特定的时空。

我是教师出身的校长，面对小小年纪鼻梁上就扛着一副铁架、两片沉重的玻璃片的孩子们，我心里很不是滋味。我知道，学生的健康问题远不止这副眼镜，小学阶段是人身体成长的关键时期，一旦耽误将终身无法弥补。下面是让国人痛心而又关切的一些数据资料。

学生体质下降——一个民族的忧虑

去年9月，教育部公布了《2010年全国学生体质与健康调研》，这是自1985年以来第6次全国范围内的学生体质与健康调研，调研人数多达348495人。检测项目涵盖身体形态、生理机能、身体素质、健康状况等4个方面24项指标。调研结果显示，大学生身体素质25年来一直在下降。与1985年相比，肺活量下降了近10%；大学女生800米跑、男生1000米跑的成绩分别下降了10.3%和10.9%。除坐位体前屈指标外，爆发力、力量、耐力等身体素质水平进一步下降。与2005年相比，男大学生的立定跳远、引体向上、1000米跑3项身体素质指标全面下降。女大学生立定跳远、仰卧起坐、800米跑成绩也比2005年低了不少。

上海体育学院老师陈国强认为学生身体素质下降的问题并非是在大学产生，"由于中国学生在中小学时期繁重的课业负担和体育锻炼的缺乏，早已为将来的健康埋下了隐患，到大学之后只不过这些问题都暴露了出来而已。加之父母对孩子的过度关爱，不敢让学生受伤，体育老师不求有功但求无过，教学上也只能得过且过。本该在每个阶段都打好基础的校园体育教育，无论是意识上还是实践上，都有太多欠账。"

近段时间以来连续发生的大学生长跑猝死事件，将中国学生体质不断下降的严酷现实再一次呈现在国人面前。除此之外，还有一项数据能够反映出这一现实，那就是学校运动会的纪录。据新华社消息，郑州大学男子3000米长跑纪录还是1960年创下的，至今保持了52年之久。此外，云南、安徽、广东等地的高校乃至中小学，都有不少校运会纪录"年份"在30年以上。

据新华社消息，郑州大学体育系相关负责人刘忠东在查阅该校普通学生参加比赛的赛会记录时发现，1960年郑州大学第四届田径运动会上，政治系学生李连成创造的男子3000米纪录9分23秒的成绩，52年来该校学生无一人打破。而该校女子3000米的纪录，由物理系学生王淑霞在1986年全国第二届大运会上创造，成绩为10分51秒2，同样保持至今。

（资料来源：《成都商报》 2012年12月7日）

治国讲"以人为本"，科学发展观的核心是以人为本，那么"人"以什么为"本"呢？答案有许多种，然而对于一个人来说，身体健康才是幸福的基础和根本。

以人为本的教育，就应该把人的健康放在首位，连学生的身体健康都没有了的学校教育能算高质量的教育吗？

现实却不容乐观。

在学校里，体育课中的健康教育内容往往被弱化，甚至被忽视。"体育、健康"在一些领导的讲话中往往位置靠后；在计划方案里往往条款靠后；在学科排列中顺序靠后；在评价考核中项目靠后，占比较轻；在学校制度中学生健康监测制度常常是最软的制度；在经验总结中叙述最简；在校本科研中列项最少，可能只有一项最多——被挤占的课时最多。

中国学生的体质堪忧……

中国儿童的近视率高居世界第二位……

以致在《国家中长期教育改革和发展规划纲要（2012—2020）》中针对我国中小学生视力不良的状况明确提出"保护学生视力"。在中央关于教育的综合纲领性文件中明确关注有关学生健康的这一具体问题尚属首次，足见问题之严重与紧迫。根据教育部的一项体质监测报告，我国初高中学生视力不良检出率分别达到 58% 和 76%。（转引自《教育研究》2012—8《教育规划纲要的理念与政策创新》）。

再也不能等了。应该把学生的身体健康作为评价学校教育质量的第一标准！一个新的办学理念就这样在附小出炉了。

强健的体魄对于个人，对于家庭，对于一个民族和国家，对于人类社会的重要性是不言而喻的，因为它直接关系到一个人的生存和生命质量，在世界著名的政治家、思想家中，毛泽东是最注重健康问题的伟人之一，早在 1917 年他在《新青年》杂志上发表《体育之研究》的论文时，就阐述了健康的身体对品德的形成、对智力发展的重大作用，他写道："体者，为知识之载而为道德之寓者也……体强壮而后学问道德之进修勇而收效远……德智皆寄于体。无体是无德智也。"

新中国成立后，毛泽东在 1950 年写给教育部长马叙伦的信中指出："要各学校注意健康第一、学习第二……全国一切学校都应如此。"1951 年毛泽东再次写信给马叙伦，信中说："关于学生健康问题……深值注意……健康第一，学习第二的方针，我以为是正确的。"1953 年毛泽东在《青年团的工作要照顾青年的特点》的谈话中向全国青年发出"身体好、学习好、工作好"的号召。这些都表明毛泽东非常重视人的健康，特别是始终把学生的身体健康放在第一位。

17 世纪英国著名思想家和教育家约翰·洛克在其著作《教育漫话》中说："健康之精神寓于健康之身体，这是对于人生幸福的一种简短而充分的描绘。凡是身体精神都健康的人就不再有什么别的奢望了，身体精神有一方面不健康的人，即使得到了别的种种，也是徒然……我们要能工作，要有幸福，必须先有健康；我们要能忍耐劳苦，要在世界上做个人物，也必须先有强健的体格；这种种道理都很明显，用不着任何证明。"

联合国教科文组织关于一流教育质量的八条标准中第一条即指出："有健康的、营养良好和具有学习动机的学生。"

其实原本用不着引述这么多材料来说明健康有多么重要，因为人人都知道身体健康比什么都重要，这是最直白的常识。然而，现实却是：人们最容易忽视的就是健康。不少人是直到生命的最后一刻才幡然醒悟，但为时已晚。

为确保这个"第一标准"落到实处，从而将这一理念转化为稳定有效的机制，学校采用了七大措施：

（1）将这一办学理念写入学校发展规划，编入学校教育价值体系，并作为重点改革项目列入学校改革方案中；

（2）将学生健康指标列入学校的质量评价系统，纳入教师和班级绩效考核；

（3）请华西医科大学、成都中医药大学的博士、教授等医学专家到学校开设营养与健康、习惯与健康专题讲座；

（4）由专家、学校负责人、家长代表共同研制学生营养食谱，天天检查落实情况，并定期修改、更新食谱；

（5）修建标准网球场，全校拥有 300 张乒乓球台，开展"全员网球"、"全员乒乓"活动；

（6）开展阳光体育活动，将大课间时间延长至 50 分钟；

（7）有专家参与制订的系列体育运动制度。

经过几年的努力，"健康第一"的理念已渗透到学校工作和学生生活的各个层面和细节中。比如，天天检查食堂卫生，随时令科学地调配营养食谱；学生每天在最佳时间（每天上午 10:50 左右）吃水果、喝开水；学校共有 200 多个水龙头并挂有放在尼龙网中的肥皂，确保学生双手干净，饮食卫生。

电子科大附小 2012—2013 学年度下期作息时间表（沙河校区）

上　午	8:45	升旗仪式
	8:50——9:25	第一节课
	9:35——10:10	第二节课
	10:10——11:00	大课间
	11:00——11:35	第三节课
	11:45　　12:20	眼操，第四节课
下　午	13:20	午餐结束铃
	13:20——13:45	中课间
	13:45——14:00	午　会
	14:05——14:40	第五节课
	14:50——15:30	眼操，第六节课
周　一	15:30——15:50	放　学
	16:10——18:00	集团教师全员校本培训
周二至周五	15:40——16:20	托　管
	16:20——16:40	放　学

现在，"健康教育"在我们附小已初步形成特色。

"长得高、立得稳、跑得快、坐得住、看得远、想得通、处得好"成了附小校园流行语。

打乒乓，"单打竞争、双打合作、捡球助人为乐"成了孩子们的口头禅。

每当大课间时，三千多名师生或活跃在健美操的旋律中，或活跃在网球场上，或活跃在 300 张乒乓球台前……你会感受到山呼海啸般的震撼，你会感觉到扑面而来的生命活力和青春气息！面对这些健康、阳光、生机勃勃的孩子们，你会从心底涌起一种信任，一种期待，一种自豪感：这就是希望，这就是民族未来的脊梁，这些孩子们担当得起！

《人民日报》记者许立群在我们学校采访时看到学校操场边、墙角处、大树下、花坛旁到处都巧妙有序地安放着乒乓球台，总计竟有260张（现在已经增加到300张）之多，她惊叹："简直可以申报吉尼斯世界纪录了！"

2010年6月，《人民日报》记者在一篇报道中写道：作为晏紫的母校，成都电子科技大学附属小学对网球运动更是格外青睐，不仅全员开设网球课，学校还建有一片正规的网球场。校长康永邦尤为注重学生的身心健康。他认为教育质量不能简单地等同于考试成绩和升学率。至少在基础教育阶段，应当把学生的身体素质作为衡量教育质量的第一标准。

一位老师形象地说，以前学生集合时站在六年级学生队伍后觉得自己的高度还可以，现在站在学生后边，全被学生高高的个头挡住了。

"把儿童健康作为评价学校教育质量的第一标准"是一个内涵十分丰富的教育理念。世界卫生组织对健康的定义是："健康不但没有躯体疾病和生理缺陷，还要有完整的生理状态、心理状态和良好的社会适应能力、良好的道德。"儿童健康应该包括身体健康、心理健康和社会适应性健康三个方面。现在，附小已将健康教育发展成为学校一门系统的课程。

习惯养成让德育更有效

品德教育也是学校改革的难题之一。在许多学校，理论上的德育"首位"，现实中往往"缺位"，德育常常成了美丽的"花瓶"，道德说教、思想灌输、政治宣传、法制教育、纪律训诫式的品德教育传统已不适应当代儿童，不仅无效而且让孩子们因厌烦而反感。

什么样的德育才符合当代儿童的特征？什么样的德育方式才是有效的？

品德教育改革的突破口在哪里？

我想起了爱因斯坦关于教育的一个著名观点，所谓教育，是"学生毕业离开学校时，把在学校学的全部内容都忘却了之后所剩下的，才是教育在学生身上真正有作用的东西"。

对小学生来说，真正有作用的东西是些什么呢？我想，一个重要方面就是养成了良好的习惯。比如，良好的学习习惯对于他们继续学习、终身学习都将受益无穷；良好的生活习惯对于他们的事业、健康和幸福人生有百利而无一害。

沿着这一思路，经过缜密的分析研究，逐渐将习惯养成与小学品德教育联系起来，一些新的理念也渐渐明朗起来：

（1）培养小学生良好的道德品质，要从培养良好的行为习惯逐步内化为良好的品德，进而升华为一种道德修养。

（2）从习惯入手，关注日常行为细节，春风化雨般为儿童健康人格的形成打下基础。

（3）良好的行为习惯是素质生长的土壤，"习惯和素质一样，都是人的第二天性，即稳定的、长期起作用的品质……素质形成的过程，往往是良好习惯形成的过程；养成良好的习惯，才能谈得上良好的素质。"（林格）

（4）习惯的培养如同身体的发育、潜能的发展一样，是有"关键期"的。小学阶段是习惯养成的最佳时机，因此要将习惯培养贯穿到学校工作的各个环节，让孩子们养成受益终身的好习惯。

这些观点正是学校德育改革，以"习惯养成让德育更有效"为突破口的思想基础。

经过细致的分析研究，根据当代小学生的成长规律，我和学校的领导团队认为，从培养好习惯入手，是品德教育的最有效途径。经过几年的实践，我们附小学生的良好习惯养成教育已形成五大系列：第一，良好的生活习惯；第二，良好的学习习惯；第三，良好的思维习惯；第四，良好的交往习惯；第五，良好的锻炼习惯。

我们的经验主要有五条：

第一，将品德教育渗透到习惯培养中，使内容空洞的德育与孩子们的生活学习紧密联系，变得具体而真实；使方法单一的德育在孩子们丰富的活动中变得生动、充满情趣；使道德观念变成孩子们的实际行为。将品德教育渗透到各种习惯培养过程中，使"生活德育"、"体验德育"、"感悟德育"、"无痕德育"等先进的德育理念在校园落地生根、开花、结果。

第二，习惯培养必须从细节入手。在企业界有这样一个例子：有人问日本丰田公司总裁："丰田公司是如何从一个小小的汽车修理厂发展为世界五百强企业的？"丰田总裁回答："因为我们的员工能够在工作后把工具放回原来的位置。"对这个事例虽有从不同视角的种种解读，然而，以放工具这个小细节说明员工素质高，有良好的工作习惯这一点却是一致的。

从细节入手，从身边的小事做起，坚持不懈，持之以恒，这是附小培养学生良好习惯的一大特色。比如，培养良好的生活习惯从吃饭开始，"有干没干，先看吃饭"这是我常常说的一句俗语。首先从家里吃饭的饭前准备、守时、坐姿、餐具的使用、不挑食、不浪费、饭后注意事项、用餐礼仪、分担家务这些最起码的常识习惯做起；接着培养学校集体用餐习惯并轮流担任班级用餐管理员（学校小小志愿者服务岗位）；再培养外出用餐（餐馆、酒店）习惯，了解一些常用蔬菜水果的营养及食用方法，学习一些简单菜品的制作；在此基础上了解中国不同民族的饮食习惯和礼仪，了解不同国家的饮食文化，懂得营养均衡与健康的关系，懂得常用食品的选择与储存，了解食品安全常识，懂得节俭、并尊重劳动者的创造与大自然的恩赐……从而逐步养成高雅、健康、文明的饮食习惯。

又如，要求学生在父母面前不讲假话，说到做到，如按时起床、自己洗袜子、整理好自己的小房间等；在学校不对老师同学讲假话，答应为班级为同学做的事一定做到；在社会交往中诚实、守信，这既是基本的公民素养，又是良好的做人习惯。

再如，从爱父母、爱家庭开始，培养爱学校、爱家乡、爱祖国的情怀，而爱祖国是一国之民最起码，也是最重要的责任和做人习惯。

第三，在实践活动中养成习惯、丰富情感，培育正确的价值观。我们学校有个红领巾种植园，校园的墙边、拐角还有些空地，我们不种花不种草，而是按季节由同学们种上了南瓜、茄子、豇豆、丝瓜、辣椒、西红柿等蔬菜。我把它叫做"校内责任田"。每当开花时节，便成为都市中独特的风景。在寸土寸金的市中心，保留这几块"菜地"有以下教育意义：

（1）培养孩子们爱劳动的习惯；

（2）将自己的劳动与"盘中餐"真实地联系起来，培养孩子们珍惜劳动成果的习惯；

（3）体验劳动创造价值、创造美的过程；

（4）感悟合作成就一件事情；

（5）观察植物生长全过程，培育科学兴趣和科学精神；

（6）更真切了解人与其他生物共存共荣的关系。

城里的孩子生活在社会发展的前端，生活和学习条件相对优越，而生活在贫困山区的孩子物质生活相对困苦，精神封闭。我告诉学生们，这些山区孩子们的父母进城务工，用血汗为我们盖起了高楼，推进了城市现代化的步伐，我们在享受城市文明的同时应该为山区的小朋友们做些什么呢？

于是，就有了"爱心捐赠"、"爱心车队"、"与灾区小朋友联谊结队"系列活动。这些活动的深处，是孩子们关心他人习惯的养成，是大爱情怀的滋长，是奉献社会价值观的萌芽。

凡是到过电子科大附小的人，都会感受到这里的学生彬彬有礼：他们微笑着问好、亲切地打招呼、友好地让路……孩子们良好的礼仪习惯，给人留下了很深的印象。

也常有人问我，孩子们的这些习惯是怎样养成的。其实，我们的秘密是这样的：

电子科大附小培养学生礼仪习惯、交往习惯，是从使用"你好、谢谢、对不起、请原谅"这些文明礼貌用语开始的。每一个班安排时间专门进行讲解、示范、反复练习、学校逐一检查，直到形成习惯。在附小看来，这几句最平常的话语，包含了处理人际关系、解决内外冲突的所有资源，其内涵是："友善、感恩、忏悔、宽容与胸怀"的人性品质。

刚到学校工作不久的一位新老师讲过这样一件事，有一次去沙河校区（一年级学生所在校区）取资料，被一个小男孩追上来看胸前的校牌。

老师问："小朋友好，请问有什么事吗？"小男孩说："想看看您姓什么，可是……不认识您的名字。"

老师说："我姓李。""李老师好！"小男孩恭恭敬敬地问好后转身玩去了。

这就是校园礼仪习惯培养的魅力。学生见了老师要问好，见了来校的客人也要问声"客人好"。

第四，习惯培养学校与家庭必须目标一致，要求一致，方法一致。人的很多习惯发端于家庭形成于家庭，培养学生良好的习惯与家庭教育密切相关。附小在这方面的工作尤有特色，后文有专章述及。

第五，许多习惯对于孩子们来说就是一些做人做事的原则和规范。合理的规矩是儿童健康成长的保障，它与儿童个性的形成与发展是不矛盾的。曾有人采访了 56 位诺贝尔奖得主，当问到人生中哪些阶段最重要时，几乎所有人都回答"幼儿园和小学"。他们在小时候学会睡前将鞋子放整齐，把自己的东西和朋友们分享，这些不仅仅是习惯，更是一辈子都受用的品质。这些规矩和习惯与创造力的发展并不冲突。

关于习惯的悖论

"习惯"这个词的文化积淀恐怕有上千年的历史了。在不同的历史时期，人们会赋予它不同的意义。本节的开头我从四个方面谈了习惯养成对小学生品德教育的积极意义。

同时，我们必须注意关于习惯的一个悖论——习惯是必要的、有用的，同时又是危险的、有害的，是把双刃剑。

当代心理学和生物学告诉我们习惯的负面因素有：

——习惯是一种保守性机制。复制性学习、经验性重复、惯常性思维、是其典型特征。

——习惯容易将人的注意、感知、思维、表达标签化，而忽视瞬息万变的真实世界。

——习惯性倾向的影响容易将结论过早地固化，从而束缚人的思想和行为。

——习惯产生对某些现象或问题的固有的、习惯性的应对策略、原有模式和解决方案，因此常常以陈规抗拒变化，形成惰性，对新鲜的思路创造性精神和创新性实践起到阻碍作用。

在课堂教学中，我们常看到这样一种现象：一些学生回答问题常循着老师的思路，简单重复老师的话语或教材上的词句，没有自己的独立思考，也就缺少创见和精彩的观点。究其原因，往往是老师经常把整体知识切成碎片，把复杂化为简单，一点一点喂给学生，形成思维习惯和惰性所致。哪个孩子愿意主动"断奶"呢？

我想起易中天先生在一次演讲中举的一个有趣的例子：

向日葵是喜欢太阳吗？

向日葵从日出到日落都朝向太阳，从爷爷的爷爷的爷爷一辈就告诉我们向日葵是喜欢太阳的。

歌里是这样唱的，诗中也是这样写的……

然而，我们搞错了！根据植物学家的研究证实，葵花讨厌太阳！因为葵花的花盘后面有一种讨厌阳光的分泌素，为了保护这种分泌素，花盘的正面就得始终朝着太阳。

其实，世间很多所谓真理并不正确。我们之所以相信，往往是我们的惯常性思维习惯性地把它当成真理，所以盲从。

"习惯起初如蛛丝，最后如钢缆。"想想现实社会中，那些吸毒者、酗酒者、网游成瘾者、赌博者，皆因坏习惯而起，终被"钢缆"所缚。现实世界是永恒运动着、变化着的。新问题，新现象，新挑战层出不穷。"只有学会如何学习和学会如何适应变化的人……才是真正有教养的人。"我们既要培养学生养成良好的有益的习惯，又要防止那些易于操控的不良习惯对学生的伤害。特别警惕复制性学习、经验性重复、线性思维、简单因果、惯常性思维等貌似"正确"的习惯对学生造成危害。

为规避习惯的负面影响，我们明确地将它纳入立德树人的框架，培养学生积极的、有利于其健康成长，持续发展的好习惯。下列资料对于克服学校抽象、空洞、低效德育有借鉴作用。

附：美国新加坡学生守则

一、美国小学生守则

1. 总是称呼老师职位或尊姓。

2. 按时或稍提前到课堂。

3. 提问时举手。

4. 可以在你的座位上与老师讲话。

5. 缺席时必须补上所缺的课业。向老师或同学请教。

6. 如果因紧急事情离开学校，事先告诉你的老师并索取耽误的功课。

7. 所有作业必须是你自己完成的。

8. 考试不许作弊。

9. 如果你听课有困难，可以约见老师寻求帮助，老师会高兴地帮你。

10. 任何缺勤或迟到，需要出示家长的请假条。

11. 唯一可以允许的缺勤理由是个人生病、家人亡故或宗教节日。其他原因呆在家里不上课都是违规。

12. 当老师提问且没有指定某一学生回答时，知道答案的都应该举手。

二、新加坡《好公民》德育课程德目例

1. 一年级。

（1）自知：认识和了解自己，能介绍自己；要做一个好孩子。

（2）好习惯：养成早睡早起、饭前洗手、饭后刷牙的习惯；做到先做功课再去玩耍，懂得爱书籍和玩具。

（3）健康：懂得运动的好处。

（4）礼貌：懂得餐桌上的良好礼仪；知道对老师、同学应有的礼貌，接受别人东西或帮助时要谢谢。

（5）安全：知道玩火的危险；知道游泳应注意的安全事项；不要在马路上乱跑，掌握安全过马路的方法。

（6）爱家：认识自己的父母亲和兄弟姐妹的一般情况，如姓名、生日、年龄、特点、爱好等。

（7）孝顺：了解母爱、父爱的伟大而孝敬父母。

（8）友爱：尊兄姐、爱弟妹，与各民族同学友好相处。

（9）仁爱：懂得爱护动物。

（10）爱校：知道学校的历史和概况，尊敬国旗、校旗，知道校服、校徽的意义；懂得学校生活的乐趣。

（11）尊师：认识校长、高级教师、级任和科任教师，尊敬老师。

（12）服从：懂得好孩子要听话的道理，听从父母师长的话。

（13）守秩序：知道守秩序的重要，培养排队搭车的好习惯。

（14）清洁：注意个人卫生，养成清洁的习惯。

（15）勤学：自己做功课，不依赖别人。

2. 五年级。

（1）健康：懂得和乐意参加体育和闲暇活动，使身心健康。

（2）礼貌：在公共场所能注意礼貌。

（3）孝顺：孝顺父母。

（4）自律：了解知错能改的重要，勇于改过。

（5）尊重：尊重家人的权益，不私拆信件和乱动他们的东西；认识国家总理和内阁部长，尊重国家领袖。

（6）守规：遵守公共场所的规则，能遵守秩序。

（7）体谅：体谅父母，不作过分要求。

（8）合作：保持环境的清洁，乐意参加美化环境的工作；了解团体精神的重要，愿意和别人合作；知道世界各国互相了解和合作才能和平共存的道理；了解马来西亚、印尼与新加坡的关系及合作的重要。

（9）公德心：保持公共场所的清洁。

（10）守法：知道警察对社会的重要，要与警察合作。

（11）了解新加坡独立的经过，培养学生的爱国心；懂得爱国是每个公民的责任；了解国旗和国歌是国家的代表，使学生尊敬国旗和国歌；了解总统是国家的代表，使学生尊重总统。

（12）勤奋：认识新加坡简史，了解祖先勤奋开发新加坡的事迹，知道新加坡能有今天的成就是靠人民的勤奋所致。

（13）知道新加坡政府是一人一票选出来的。

（14）了解：了解印尼、马来西亚概况。

（15）质朴：了解质朴的意义，注重实用而不求华丽。

第六章

怎样管好学校

★ 1. 学校管理的"边界"在哪儿?

★ 2. 为什么说更新管理理念是关键?

★ 3. 电子科大附小管理改革的"亮点"是什么?

影响一所学校发展的因素有很多，要把各种因素都组织协调好，确保学校有序高效发展就离不开管理。要搞好学校管理，就要弄清管理的边界，明晰管理的要素，创新管理理念，优化管理机制，建好管理团队，形成奋发向上的管理文化。

　　随着时代不断进步，学校管理必将走向学校治理，这是学校管理发展的必然趋势。管理强调自上而下，以控制为特征；治理强调自上而下与自下而上的结合，以分权为特征。治理体系的内涵，重在指向法治、共治、自治与德治，治理能力的核心是制度能力。要管好学校，校长必须充分发挥教师、学生与家长的作用，建设现代化的学校管理制度。

管理的边界

教育体制改革是教育改革的重点，学标管理制度改革创新是学校改革的重点。

我们学校是一所现代化公立学校，公立学校的管理制度建设和机制改革必须遵循三个前提。其一，公立学校是具有公共性质的公益机构；其二，公立学校的办学权力是一种以公权力为主的复合型权利，公立学校在行使自己的办学权力时，应保证公权力得到公正的行使；其三，保证公益性、政府主导、校本管理、社区参与是学校管理改革的指导原则。

明确了这三个前提条件，也就明确了学校管理的"边界"。学校的行政管理制度是指在办学自主权范围内制定的学校内部运行和治理的管理机制和规范，其根本目的在于充分调动教师的主动性、积极性、创造性，促进教师更好地教学充分调动学生学习的自主性，激发学生的创造潜能，促进学生健康成长。

在教育"大一统"时代，校长的管理相对简单。校长只需按照各级办学方针和政策，执行上级管理部门的指令即可。自 1985 年国家教育体制改革以来，通过一系列的"简政放权"，学校的办学自主权不断扩大，特别是实行校长负责制后，校长承担的压力、肩负的责任就更大了。学校管理制度的改革，事关数千人的成长与发展，牵涉面广，社会影响大，科学性强。为使各项制度改革有高度、有广度、有深度、有成果，最终转化为推进学校现代制度建设，提高学校教育质量的动力，电子科大附小管理制度（含其他项目）改革创新坚持以下两点：

一、边学边改

边学习（尤其是相关学科前沿理论知识的学习）边改革，将各项变革实验置于一个多元认知网络和多学科融会贯通的理论基础之上。"求实务虚"，将理论思维与创新实践结合起来。

有无实事求是的科学态度是改革创新成败的关键。我们附小坚持四个"真"，即：真实问题、真实想法、真实做法、真实结果；改革创新项目坚持以学校管理和教育教学中的现实问题为出发点，注重实验，以解决现实问题、效果良好、有实用价值为最终目的。

二、渐进式改革

学校改革创新是一个系统工程，需要时间，需要耐心，需要考虑社会（特别是学生家长）的接受能力。从长远角度说，学校拟逐步建立适应社会发展需要的公正高效、开放多元、权责一致、规范有序、有特色、有活力的现代学校管理制度，即达到《国家中长期教育改革和发展规划纲要》制定的目标。短期目标如教师全员全程参与学校民主管理的探索，学生自我管理为主的班级管理模式实验，以"开放、多元、创新"为核心的课程改革实验，以"健康、情感、发展"为关键词的小学教育价值体系的研究，以"培养习惯"为核心的小学品德教育实验，以"四个进入"为重点的课堂教学改革探索"，以"考证"为杠杆的家校共育教育模式探讨，等等。各改革项目分项实施，由点到面稳步推进，逐渐整合完善，形成体系。

管 理 理 念

一流的学校源自一流的管理，一流的管理源自先进的管理理念。学校管理改革，首先要更新管理理念。

我们电子科大附小"先思先行、求实务虚、身正人正"的管理理念可归纳为：人本、民主、合作与服务。这几个词是近些年来中国社会各行各业管理语境中使用频率最高的词语。具体到每所学校，其内涵则各有不同。

我们的理解是：

一、人　本

人是学校管理的出发点，又是学校管理的最终目的。学校一切管理制度，一切有形的无形的管理办法，归根到底就是要有利于充分调动人的主动性、积极性和创造性，促进教师的发展，促进学生的健康成长。

管理离不开制度。附小人理解的现代学校管理制度有双重意义：一方面约束人，规范人，约束、规范人性的弱点；另一方面启迪人，引导人，解放人的创造力。

严明、严格、相对稳定、全覆盖的制度理性和以尊重、信任、关爱为核心的人文关怀相结合，使坚硬的制度与柔软的人性达到最优的平衡，是附小的管理准则之一。

管理就是用人。要为学校每一个人体现自身价值，实现人生理想搭建平台，让教职工有安全感、幸福感。

管理就是集体意志的表达，为全体教职工服务，为学生服务，为提高教育质量服务。

二、民　主

学校制度建设，走民主化路线，只有民主才能孕育真正公正、合理的制度。深入的调查研究——广泛征求意见——教师代表、学生代表、家长代表、教育行政部门、社区代表、教育科研人员等各方代表全程参与规划。条例制度建设，坚持集体商议、民主决策。尤其是教师和学生参与制度的建立，既是被管理者又是能动的主体，是现代学校制度的建设者，全体师生认同制度，接受制度，执行制度成为自觉行为。他们会真正认识到，制度保障自由，自由伴随责任，守规则逐步成为一种习惯，一种修养。

学校制定总体规划及发展策略，走民主化程序，以形成共同的价值观，表达集体意志，不仅使目标、方法、措施更准确、更可行，而且会产生一种自觉向目标前进的牵引力。

学校管理民主化，教职工、学生有了参与权和话语权，以一种看得见的民主，摸得着的平等滋养师生民主、平等的公民意识，促进学校教师全员管理及学生自我管理机制的形成和完善。

三、合　作

学校管理是领导班子、教师、学生的一个主动过程，在互动中、在交流中不断形成默契，不断达成共识，共同承担责任，形成合作性制度与纪律，从而使学校成为一个学习共同体和育人共同体。

推动教师间的教育合作、教学合作、教研合作、专业合作，教师与学生的合作，学生间的合作学习，强化合作，弱化竞争，是附小制度建设的重要策略之一。

学校、家庭、社会相互支持，协调一致，形成合力，推动学校持续、稳定、健康地发展。

学校管理系统是一个开放的系统。通过校内校外，国内国际管理信息的交流，有关管理方面对话的、批评的、反思的、建设性的、创新的理论、革新的成果、经验的借鉴等充分的能量交换、转化与生成，管理理念不断创新，管理水平不断提升，同时又不断在更高的平台上建立新机制，形成新的更强大的推动力。

从上述意义上说，管理就是不断寻求合作，不断创造新机制的过程。

四、环　境

"管理就是设计和保持一种良好的环境，使人在群体里高效地完成既定目标。"（哈罗德·孔茨）通常人们将学校环境形象地分为"硬"环境和"软"环境。前者指向物质层面，后者指向精神层面。硬环境主要指基础设施、教学技术设备等。有参观访问团成员说，附小的硬环境在西部地区同类学校中应属中上水平，但单校拥有300张乒乓球台却堪称世界之最。软环境主要指制度环境、人文环境、文化环境等，附小努力在细节上、空白处有所超越，有所尝试。

在营造良好环境方面，附小正在实施三大工程——温馨的生活空间、丰富的精神家园、适宜的成长土壤，以凝聚人心，增强向心力。

一个核心团队

我们的领导班子是学校管理的核心团队。在组建班子时除充分考虑班子成员的人格素养和领导能力外，还特别注重教育信念、创新精神、知识结构、学习能力、思维习惯、兴趣爱好等因素，班子成员分别毕业于数学、英语、音乐、教育等专业，有的善于策划，有的勤于教研，有的善管教学，有的乐于实践。彼此取长补短，通力合作，形成一个德、才、智相融的"黄金组合"。

恩格斯说："一个民族要想登上科学的高峰，究竟是不能离开理论思维的。"同样，一所学校要改革创新，要科学决策，要良性发展，不断向上，也离不开理论思维。虚和实是辩证的，没有"虚"的认识，就没有正确的"实"的行动。我在前面提到过我们学校的"求实务虚"厅。我对领导团队的要求是：心存善念、先思先行、求实务虚、身正人正。作为校长，要鼓励班子成员独立思考，要有敏锐的洞察力，要善于创新理念，解决学校发展中遇到的现实问题，既求实又务虚。因此每当学校有重大决策或行动时，小小议事室里便有暴风骤雨般的思想交锋、观念碰撞，多种方案的选择和不同意见的争论，同时也有和风细雨式的交流与磋商。对阶段工作的反思，对一种新理论、新方法的分析与评价，对一项制度的酝酿也是这里经常讨论的话题。

在经济飞速发展的当代社会，实利主义、实用主义、物质主义泛滥，侵蚀着人类文明，也给教育带来危机。作为学校班子成员，应比一线教师有更坚定的教育信念，我常强调，选择教师这个职业，就意味着选择了奉献，选择了慈善，选择了博爱，选择了智慧，选择了崇高。班子成员要严格自律，行得端坐得正，为人要正义，处事要公平，作风要富有正气。一个班子成员就是一根标杆，一面旗帜。

我举一个例子：当下出国考察学习的机会对于一所小学领导和老师来说，都是十分难得的。我参加过由市教育局组织的中小学校长考察团（5人）

赴国外参观考察。后来当我们的友好学校英国谢菲尔德学校先后两次邀请我校 8 位教师参观访问时，学校 5 位主要领导都主动把机会让给几位老师，仅派过一位学英语专业的主管教学的副校长作领队兼翻译。

我要求核心团队的每个成员记住一位管理学家的忠告："在一个组织里，90%的问题是由管理导致的，只有 10%的问题是由员工带来的。"（戴明）

职责明晰、重心下移、纵横贯通、高效有序，是核心团队的工作特色。

根据附小多年的经验，核心团队要持续充满活力，高效运转，下面七个关键因素缺一不可：

（1）发自每个成员内心深处的信息和认识的基础上形成的共同价值观；

（2）源自个人教育理想与学校办学方向融合而产生的（改革创新）动力；

（3）校长过度集权容易挫伤团队成员的主动性与创造性，过度地分权容易导致失控与无序，把握平衡靠校长的艺术；

（4）每个成员的独立思考和独立行动的能力是团队效率的源泉；

（5）团队内的冲突博弈与多样性是孕育新思想的土壤，只有成员间的对话、尊重与信任的阳光雨露才能促其生长；

（6）团队成员的观念和行为同所有人一样往往由"多元动机"驱使，因而团队中集体的正义、公平、诚信、规则、合作是朝共同的目标前行的前提，这些品质又影响教师群体的正向发展；

（7）核心团队要积极同外部世界建立广泛的联系，成为一个开放的系统，在能量不断地吸纳、转换、生成的过程中保持持续的活力与旺盛的生命力，在不断超越与创造中发展。

电子科大附小教师管理改革实验可概括为：一项举措，三大工程。

一项举措：教师全员管理。

三大工程：温馨的生活空间；丰富的精神家园；适宜的成长土壤。

这四个方面都围绕着一个宗旨——弘扬人文精神。

教师全员参与管理

尝试推行全员管理的目的是：

（1）依靠教师治校。每位教师以学校全局为着眼点，具体考虑一条线上的工作，既有整体规划，又有实践步骤与细节并亲自主导实施与管理，使学校方方面面的工作有人想、有人管、有人负责。"依靠教师治校"不再是一句空话。

（2）这是学校管理自主化、民主化、开放化的一个重要步骤。教师真正深入一个管理岗位、他就会关心并千方百计促进这条线的发展，关心这个岗位的责任、权利与义务，在教代会、校务会、学校工作考评会、学校发展规划会等场合反映存在的问题，提出自己的建议或要求，发出自己的声音。

（3）这不仅仅是学校管理重心下移，管理机制创新的问题，而是让教师跳出一门学科一个班级的小圈子，由被管理者变成管理的主人。随着角色的转变，他们必须想得深一些，看得远一些，做得细一些。同时，大家都在公共事务中，无论负责哪一项都必须相互理解，与人为善，和谐宽容。由于附小的教师是一个年轻的群体，这对于培养教师超越学科之外的领导能力、组织能力、沟通能力效果立竿见影，也必然潜移默化地传导到育人的各个环节中。

（4）更充分地调动教师潜在的自尊、自信、自强、自主、自治、自律的意识，增强其主人翁的责任感和对学校的归属感。全校教职工从他律到自律，同舟共济，共荣辱，同发展。

（5）细分岗位，全员管理可减轻过去由年级组长、班主任承担的许多事务性工作，减少他们的压力，以增强对年级、班级教育、学习方面工作的组织实施。

（6）全员管理使学校管理系统无缺位，无盲点，且每一个管理岗位如一个充满活力的细胞，一个管理智慧的生长点，连点成面，实现学校整体良性运转和效益最大化。

全员管理的实施办法：

（1）学校将全校教师分年级组成六个年级教师共同体；

（2）每个年级教师共同体内设置31个公共事务管理岗位，各年级教师共同体也可以根据需要合并相关公共事务管理岗位，并将管理岗位落实到具体的责任人；

（3）学校各部门对分管的公共事务管理岗位人员进行培训与考核。

附录：

"教师人人当干部"各管理团队公共事务管理岗位

一般设置项目（32）

教导处（7）：

年级分管教学副主任、年级学科教研组长、普通话监督员、功能室管理员、阅读管理员、英语辅导员、数学辅导员。

德育处（7）：

年级分管德育副主任、年级大队辅导员、年级体育辅导员、卫生与疾病管理员、洗手间管理员（府青校区）、养生保健管理员、家校合作管理员（含家校通管理员）。

办公室（3）：

年级主任、人事考勤管理员、档案管理员。

总务处（3）：

国有资产管理员、后勤服务管理员、就餐管理员。

文化宣传处（4）：

文化宣传管理员（含电子显示屏管理员与上传网站信息管理员）、音乐辅导员、美术辅导员、科技辅导员。

安全监督处（2）：

安全监督员（含防汛防洪管理员）、学校稳定管理员（含综合治理）。

学校工会（3）：

年级工会委员代表、办公室室长、计划生育管理员。

教师发展处（3）：

年级分管教师发展副主任、课题组长、继续教育管理员。

温馨的生活空间

大部分老师走出大学校门，进入一所小学或中学当教师直到退休，人生几十年黄金岁月都交给一所学校了。学校应该为老师做些什么呢？从管理者的角度应该为老师做些什么呢？按照美国管理学家哈罗德·孔茨的说法，"管理就是设计和保持一种良好的环境，使人在群体里高效地完成既定目标"。对于"环境"可以有多种理解，我认为给老师们创设一个温馨的生活空间，让学校成为老师们生活的"家"，应该成为学校管理的第一大工程。

家是人的一种基本需要。它具有自由、稳定、和谐、亲密、舒适、适合不同个人独特性格和生活方式等特征。

家总是与亲情、温暖、舒畅、安全等词语关联在一起，家属于自己和家人独特的私人空间，在这个空间里，因为安全私密而倍感生活的灵活与随意；因为舒缓放松而倍感内心世界的宁静。

学校是一个组织机构，密密麻麻的学生、环环相扣的课程、规范的程序制度、严格的监督管理……时间和空间挤得满满当当。加之现代人无法避免的复杂的人际关系、不得不戴的各种人格面具、急促的生活节奏、沉重的生存压力、激烈的社会竞争、浮躁的情绪影响，无不使老师们身心疲惫，职业的倦怠感往往不期而遇。

我是教师出身，我深深懂得教师的紧张、压抑、苦闷、焦虑、沮丧甚至恐惧等不良情绪最终必然体现在教学中。教师的状态，决定学生的状态，教师的情绪，感染学生的情绪。我认为，学校和家庭一样都是有着多重功能的场所，工作与生活原本没有明确的边界。一个校长应该把学校营造成老师们的特别的家。学校工作应该成为老师们生活的重要组成部分。自上任以来，我就为打造这个特别的家而煞费苦心。我举几个小例子：

一、教师书吧

学校设有教师咖啡书吧，房间不大却高雅温馨。书架上陈列有文学名著、教育名著、时尚期刊，墙上有书画挂轴，不多的几张茶几，别致的座椅，几件精致的小摆设和一些咖啡杯、茶具，朴素、雅致，书香浓郁，恰如文人家中的书房。

我从书中知道德国的幼儿园、小学和中学都有一个独立的区域叫"安静角"，学生想"一个人待一会儿"则自由进出，以满足学生独处的需求，为学生提供调节情绪和情感、放飞精神的小空间。

我想，大人和小孩的人性都是共同的，处于沸腾校园的老师同样需要"安静角"，翻翻杂志，读几页书，喝一杯咖啡，品几口清茶，舒缓情绪，平静心灵，调整工作节奏。或忙里偷闲约几位好友聊聊天，吐吐心中的烦闷，分享校里校外的趣事。

二、人性化会场

开会在领导看来分分秒秒都是重要的，在老师看来却未必都重要，或许不少会议本身就充斥着一大堆正确的废话，但会总是要开的。我主张少开会，开短会，开有价值的会。同时，根据教师的工作特点，尽量使会场变得人性化，比如，开会前放一曲古典音乐，让刚从讲台下来的老师放松一下心情，或邀请音乐组的老师来几首小合唱以活跃气氛。同时，总务处会送来水果、饮品。老师们一边吃水果，一边开会，这是电子科大附小日常教师会议的另类形态。

三、教师营养餐

学校重视学生营养餐，同样重视教师营养餐。我们学校青年教师多，居住分散，老师们通常在早晨 6:30 左右起床坐公交车赶往学校。为确保老师们吃好早餐，学校食堂提供了豆浆（含糖、不含糖两种）、牛奶、鸡蛋、粥、馒头、包子、小菜等，避免老师们特别是年轻老师不吃早餐或早餐随意敷衍而影响身体健康。

四、养生保健课

身体强健、精力充沛是老师履职的物质基础，但很多老师由于营养知识缺乏、不懂保健养生，一些不良生活习惯常常使自己身体透支且又得不到适当的能量补给，疾病自然会找上门去。针对这种情况，我们特请华西医院的专家、成都市中医药大学医学教授等到学校给老师们上养生保健课，请医学院的研究生教老师们练"八段锦"以强身健体。

五、教师大课间

50 分钟的学生大课间、"全员乒乓"、"全员网球"……不只是针对学生，学校要求没有特殊情况的老师必须和学生一起参加 50 分钟课间体育活动。教师的工作站得多、坐得多，和学生一起运动，不仅为学生示范鼓劲，让老师感受孩子们朝气蓬勃的生命激情与活力，同时也使自己的身心得到理解与锻炼。

六、门卫处的自行车

我们学校有三个校区，为方便老师们穿行于三个校区，特在门卫处排放了二十多辆自行车供老师们借用。

书房品茶、听音乐、吃水果、营养早餐、养生保健、练八段锦、打乒乓球、骑自行车，这不就是我们的日常生活，家庭生活场景吗？

为了营造好学校这个特殊的家，让学校生活成为教师生活最重要、最愉快的组成部分，校长和领导班子在以下三个方面下足了工夫：

其一，以关心与服务为前提，营造家的氛围。如前文所述，学校领导从细节入手，关心教师的日常生活，关心教师的健康，关心教师的切身利益，实实在在做好服务，点点滴滴，日积月累，渗润浸厚，校园里充溢着浓浓的同事情、师生情，撒满了人性的阳光，教师们生活其间会有安全、和谐、心情舒畅的家的感觉。

其二，以尊重与信任为前提，建立良好的人际关系。领导与教师之间，教师与教师之间要彼此尊重。比如尊重不同的个性，尊重不同的教育理念，尊重不同的教学风格，尊重不同的生活习惯、兴趣爱好，等等。唯有尊重方可建立信任，人与人之间有了尊重与信任，才可能建立良好的人际关系。有了良好的人际关系才会形成学校强大的教育合力，如果一所学校领导集体或教师团队人际关系紧张、冲突不断、内耗严重，谈何教育质量！

其三，以研究与合作为前提，享受工作的美好和快乐。小学教师的工作对象是纯真无邪、朝气蓬勃的孩子，是有血有肉有思想、个性千差万别的人，教师的工作是一种最富有诗意的精神劳动。教师传递的是人类最精美的文化成果，教学活动理应情趣盎然，闪烁着智慧的光芒，充满艺术与科学的魅力。

然而，往往由于不合理的管理机制，不恰当的评价方式和校内的恶性竞争把这一切美好的东西搞得了无生趣，庸俗不堪。其中有学校无法控制的社会原因，也有学校自身的问题。

以"竞争"为例，竞争出速度、竞争出业绩、竞争出人才、竞争促发展，这是不争的事实。但是，教师是个特殊的职业，如果教师长期生活在过度竞争的文化氛围中，他们会为战胜别人而工作；他们会因竞争压力而紧张焦虑；他们会因竞争失败而失去自信；他们会因竞争而难以真诚地赞美、欣赏或帮助同事；他们会因竞争而导致谦虚、宽容、顾念大局、珍惜学校荣誉等品质的缺位；他们甚至会因竞争而抢生源、挑搭档、封锁信息、忌妒同事，乃至同室操戈，造成内耗。

我们解决的办法主要有四条。

1. 提倡研究，强调激励。

人的复杂性决定了教师工作的复杂性。教育教学中问题重重，甚至一堂课中也会出现各种突发事件，这些问题都挑战教师的临场智慧。因此，我提出了一个观点叫做"在研究的状态下工作，在工作的状态下研究"，尤其提倡个人研究和学科组集体研究相结合，单学科研究与多学科研究相结合的方式，共同寻求破解难题的办法。教师的许多工作具有隐蔽性、间接反应性的特点，难以量化，因此对教师工作的评价坚持以激励为主的原则。比如，某老师上了一堂展示性的公开课或同课异构的研究课，对其成功之处大家共同分享以资借鉴；对其不足之处，作为问题讨论，以求互补；对带倾向性的问题则列为学科研究课题，集体攻关，以利于执教老师放开手脚，减少顾虑，大胆创造，并在创新的过程中得到愉悦感。

2. 增压减压，因人而异。

压力可以化为动力，压力体现着一种责任。然而超出人的承受能力的压力则有可能将一个人压垮。因而，增压与减压是一种领导艺术。比如，对全体老师而言，要在学习上加压，在创新上加压；在心理上、在生活上、在处理各种危机方面减压。经验丰富的老教师则在理论学习、业务培训方面适当减压；在体育锻炼、健康养生方面加压（如要求其在学校教师健康论坛作专题发言或介绍经验等）。对青年教学骨干则在阅读教育名著、教育科研方面加压；在日常事务性工作方面适当减压，促进其高位发展。对学有专长的教师，则在特长教育、特色课程方面加压；在一般课程教学方面减压，为其特色成长创造条件。

总之，增压减压为的是让老师们各得其所，充分享受工作的乐趣，体验创造与成功的快乐。

3. 以强化学校品牌竞争力来弱化教师间的等级竞争，培养教师们的集体荣誉感、集体责任感和团队精神。

强化学校竞争力是学校生存与发展的需要，弱化教师之间的竞争是打造教师团队，培育共生共荣的合作精神的需要。前面已说到校内恶性竞争的种种弊端。一个好教师的词典里不应该有"差生"这个词，教师的工作要求每个教师永远不能出"废品"。弱化竞争，强化合作，有利于全校教师协调一致、信息共享、资源共享、知识互补、能力互补，形成一个学习共同体，教研共同体，教学共同体。行政领导和教师、教师与教师之间不是对手而是真正的合作者，有利于举全校教师群体之力，组建一个融德融智融才的教师团队，形成强大的推动学校发展、确保教育质量的合力，从而取得辉煌的办学业绩，每一位教师也因此获得成功的满足。同时，教师间亲密合作，共渡难关，共享成功，并在这个过程中培育起集体荣誉感和攻坚克难的团队精神。当电子科大附小获得办学成功，家长好评如潮，社会美誉度不断提升，真正跻身于名校行列时，老师们一定会因自己是学校的一员，是教师团队的一员而自豪。

4. 以诚信与公平为前提，坚定教师的教育信念。

校长和他的管理团队在校园内外的一言一行都能成为最现实的范例，最活的教材和实实在在的教育行为。领导的诚信、公平是对教师影响最大的两种品格。领导讲究诚信，教师因信其人而信其思想，容易形成共同的教育价值观；领导讲究公平，意味着没有特权，就会有尊重他人的氛围产生。诚信、公平的领导，使教师因信任校长和他的领导团队，对学校的前途充满希望而坚定自己的教育信念。反之，则因对领导失去信任，对学校前途忧心忡忡，自己的教育信念和理念追求也消失殆尽。

丰富的精神家园

公立学校不是企业，企业可凭借他的团队占领技术与财富高地，如世界 500 强。但学校可为老师们创造精神财富，让全体教师有积极的、丰富的、生动的精神生活，努力使学校成为老师们心灵的最佳栖息所，精神生活的常乐园，精神能量的给养站，精神生长的策源地，这是附小管理的第二大工程。

为实现这个目标，近些年来，我们正从一砖一石的基础工作开始，朝着把附小建成老师们的精神高地、知识高地、教育科学与教育艺术高地、生活格调高地的方向一步一步艰难地攀登着。

一、精神高地

精神是文化的核心。精神是一个神圣的、内涵极为丰富的概念。人每时每刻都在现实物质世界与（内心）精神世界间转换着、变化着。现实社会不断丰富并改造着人的精神世界，而人的精神又影响着人在现实社会中的行为，同时又影响着社会。每个人都有一个独特的精神世界，每个人无不依据自己的感知、动机、情感、意志、思维、价值观，即用精神塑造着自己，每个人的行为都体现着某种精神。

人的精神具有自主性、个性化的特点，因而不同的人在行为方式上、态度上、效果上表现出不同的特点。

教师是培养人的人、是引导人的人。教师的精神通过它培育的人影响并推动着社会。教师工作的特殊性，要求其精神世界必须是健康的、积极的、向上的、提供正能量的。

教师是面向"明天"的职业。他的学生必须立足复杂变化的未来社会，要有能力在新的世界中开疆拓土。这就需要孩子们的老师站得高一些，看得远一些，为他们的发展奠好一块块基石。简言之，我希望教师们能够站在精神高地上。

我们的具体做法主要有以下几点。

1. 将读书情况纳入教师绩效考核。

我在前文中阐述过一个好教师应该是一个主动学习者的观点。读书是学习最重要的内容之一。为使教师的读书活动持续进行，而不仅仅是一般号召或一种倡议，我们从管理机制上提出明确要求，将读书情况纳入绩效考核确保落实。

（1）填写《教师阅读记录卡》。卡上需填写书名、作者（译者）、出版单位、主要内容、精彩观点、分析与评价、读书时间等项目。阅读数量每学年（保底）2本，其中至少有一部教育名著。

（2）每学期举办1次以阅读为主题的校内学术交流会，以研究问题、分享感悟、交流经验，好的论文或者读后感在校报、学报刊载，或推荐给相关报刊发表。

（3）教育家沙龙。全校教师在中外教育家中挑选20位著名教育家及其代表作，根据自己的喜好和教育教学理念组成20个教育家沙龙。如陶行知沙龙、多尔沙龙等，将教、学、研结合起来，形式自由、松散、多样、有情趣。

持续的读书活动，让老师们一次次经受精神的洗礼。如阅读哲学、历史、科学著作、中外名人传记、社会发展史、文学名著、阅读教育经典等。当教师后的阅读与从前当学生时的阅读是完全不一样的。老师们会重新认识世界、重新理解那些影响历史进程的著名人物的文章、人品与胸怀，重新感悟文学人物丰富的内心与跌宕的生活，重新解读教育与学习，自己的精神必然受到陶冶、得到升华。

在阅读各种教育理论著作时，我要求老师们一定要持批判态度，要有选择，有自己的独到见解，方能取其精华，为我所用。

2. 尊重并鼓励教师独立思考的精神。

这是我一再强调的一个观点，因为善于独立思考、创造性工作的教师，人格独立、内心充实宁静，最容易达到至高至远的境界。没有独立思考就没有创造精神，教师没有创造精神就培养不出有创造精神的学生。从学校管理的角度，为激励教师的创造精神拓展空间，搭建平台，营造积极参与，自由表达的环境。比如：教师论坛、校内经典课例档案、教师论文集、同课异构研究、向学术会议或媒体推荐教师创新成果、在学校专题文化活动中展演，甚至将办公室、教室的布置也变成体现师生创新智慧的舞台。

引导教师将独立思考精神转化为教育教学的实践行为，创造并逐渐形成独特的教学风格，并不断总结不断提升，在更高的层次上独立思考，创造新方法，发现新规律，进而著书立说，成为"教育家型"的教师。

3. 促进教师成为崇高精神的追求者。

何为崇高精神？何为崇高的精神境界？这关系到一个人的价值取向。一个人追求个人生命价值的最大化原本无可厚非，但任何人都不可能离开特定的社会条件去实现个人价值的最大化。古今中外人类社会发展史不告诉我们，人的个人价值最终取决于他对他人、对国家、对民族、对社会的贡献。只有当一个人摆脱对金钱的过度追求，摆脱对个人享乐的过度沉溺，以高尚的情怀关注他人，以强烈的责任感、使命感关注国家，将自我实现及追求个人生命价值最大化的愿望与民族利益、社会进步及开创人类社会美好未来的伟大事业融为一体，方说得上"崇高"，才称得上崇高的精神境界！

教师从事的是精神劳动，工作对象是人。以崇高精神影响学生、激励学生是教师职业最大的特点。教师教育小学生从不妨碍他人开始，到尊重他人、关心他人、帮助他人；从教育小学生过马路不闯红灯开始，到遵守纪律、遵守规则、遵守法律、遵守社会公德；从教育小学生认识一片树叶开始，到认识植物、了解自然、懂得人与自然的关系、发现自然规律、促进社会进步……无一不是从微末到崇高。

早在100多年前，梁启超先生在其《论中国国民之品格》一文中就论及国民品格之弱点：爱国心之薄弱、独立性之柔脆、公共心之缺乏、自治力之欠缺。这四点对当代教师追求崇高精神，保持高尚品格仍有极强的警示作用。

附小管理层在促进教师追求崇高精神境界方面有以下体会：

（1）领导团体成员"从小事入手，从细节入手"，带头促进教师成为崇高精神的追求者。重在行动，不搞道德说教，不讲虚伪的崇高。要求教师做到的，自己必须先做到。

（2）促进教师将谋生的职业转化为教育理想。首先是理解自己的职业，教师对自己职业的认知越深入，他就能越全身心地投入其中，并感悟到职业的无限性。其次是从培养职业兴趣，到探究教育规律，让老师从中体味工作的乐趣，感受创造的愉悦，逐步将一种谋生的职业从最基本的生理需要向最高层次的精神需要、创造需要、追求崇高精神境界等方面发展。谋生手段转化为一种美好的、愿意终身为之奋斗的人生理想。

（3）感受大师的风采。但凡有机会邀请到著名学者、教授到学校举办讲座，与教师座谈交流，附小领导一定会千方百计促成大师与老师见面。"微波之父"中科院院士林为干、北师大博士生导师顾明远等都曾在附小留下足迹。我特别珍惜大师们在学校的分分秒秒，让老师感受大师风采，感悟大师智慧，钦佩大师人格对教师的精神激励作用是巨大的。

（4）学生回访。定期邀请本校毕业生回学校拜访老师，召开恳谈会，从学生的反馈信息中看到教育对人的成长的巨大作用，看到教育对社会进步的潜在影响力，从而增强职业的责任感、使命感和自豪感。学生的肯定，是对为师者最高的精神回报。

（5）孔子将教育的最高境界定为"至善"，换句话说，人的最高德行即是"至善"。我认为学校，尤其是公立学校，具有很强的公益性。因此，我在教师中提倡学校教育就是做善事，教师要以做慈善的心态做教育，要奉献爱心，奉献才智，奉献辛劳，予人玫瑰，手留余香，教师在付出的同时也享受到奉献的快乐。

（6）有自己的教育信念。教师教育信念的形成如同本书第一章讲的校长的教育思想的形成一样。教师的教育信念是其长期学习、长期实践并经过自己的独立思考逐步形成的对教育教学的一些看法，一些观念。例如，每个智力正常的学生都能学好功课，没有差生，只有学习暂时遇到困难的学生；教学目标为育人而设定，教学过程是学生成长的过程，教学评价要促进学生发展；教师人格无论对学生还是对社会，其能量都是巨大的；反对知识本位并不是削弱基础知识教学，而是强调知识进入儿童头脑的方式，强调知识的综合性、整体性、关联性、强调学好寻找知识的方法和运用知识解决问题的能力。为了践行自己的教育信念，许多老师需尽毕生精力，因为信念是人的一切努力与奋斗背后的动力源泉。有坚定教育信念的老师，也往往是有理想、有追求、有责任感的老师。这样的老师内心丰盈，富有工作激情，为实现自己的教育信念不断地有所发现有所创造。他们因灵魂高贵、人品高尚而深受学生的爱戴。

（7）有丰盈的情感世界。北京十一学校校长、国家督学、北师大研究生导师李希贵先生说："教育其实很简单：一腔真爱，一份宽容，如此而已。"他特别强调丰富的情感在教育中的作用，他指出："美好人性的塑造，并不需要什么高超的教育手法，融洽的氛围，和谐的人际关系，成年人的善良、民主、宽容、仁爱，这一切，都是美好人性生长的最适宜的土壤。失去了它们，任何教育都将是徒劳的。"李先生首先强调真爱，的确没有真爱，就没有教育，因此人们常常将母爱与师爱相比。这两种爱都是世界上最伟大的情感，但它们又是有区别的。母爱连接着本能，因而更多的是一种带本能性的情感。师爱联系着理想与责任，体现着尊重与公平，是一种理智的情感。每一个女人都可以成为母亲，但并不是每一个母亲都能成为一个好教师。

珍爱、关心、仁慈、理解、宽容、尊重、欣赏、信任、赞美、诚信、智慧、激励……这些美丽愉悦善良的因素构成一个优秀教师的情感世界，并滋养一个个孩子的心灵。

我们学校注意通过阅读、文艺活动、影像资料、教育实践活动等、创造条件，丰富教师的情感体验，通过心理讲座训练教师的情感技能，学会情绪管理。尤其注意提高教师"情商"的培训，因为"情商是一种心灵的力量，是一种为人的涵养，是一种性格的魅力，也是一种精神的境界"（晓楠）。

（8）有丰富多彩的精神生活。学校本来是精神世界最富有的地方，缘何强调丰富的精神生活？我认为学校的精神生活具有两面性：一方面丰富多彩，一方面单调枯燥。比如，教师日复一日面对一群孩子，年复一年重复教室——办公室——家三点一线的生活，教师长期局限在拥挤的教室里，时空的限制，交流的限制，难免单调乏味。这就需要学校不断为教师的精神生活补充新鲜的内容，变换生动活泼的新形式。比如：

"读万卷书，行万里路"这是我们学校一直倡导的一项活动。老师的阅读要广泛涉猎，从多方面获取营养，方能广采博取，放开视野，拓宽心域，而不能局限在某学科专业或教育理论等较为狭窄的巷道里。"行万里路"是另一种方式的学习。有一个暑假结束后，我了解了一下，老师们分别去了大连、青岛、三亚、西藏、菲律宾、韩国、马来西亚、新加坡、泰国等地，通过"行万里路"感受大千世界的文化的多样性和社会的复杂性，以丰富生活，丰富认知，磨砺开朗豁达的品性。

（9）提高教师的美学修养。"社会的进步，就是人类对美的追求的结晶。"（马克思）人原本具有追求美，享受美的本能。通过校本培训，提高教师的美学修养，激发教师的审美情趣，增强鉴赏自然美、社会美、艺术美、精神美、行为美的能力，让老师们在司空见惯的事物中去发现美，感受美。比如，同样是一群孩子，美感能力强的老师，就会从孩子们身上看到天真烂漫的童趣，看到诚实、善良的天性，看到纯真美好的心灵，看到自然朴素的情感，因而更加喜爱孩子，享受与孩子们在一起的欢乐。这何尝不是一种高层次的精神生活呢！

音乐、艺术、文学等被称为"第二自然"的精神产品，是丰富教师精神生活的主要内容。全校每周二、四中午会学唱一首歌。开教师会前花几分钟时间欣赏一段音乐，听老师即兴演唱或朗读一篇精美的散文，会场气氛顿时会宁静许多，高雅许多。请懂书法的家长或老师花半个小时赏析一幅名画，一帧书法作品，比如鉴赏"天下第一行书"《兰亭序》，感受作者的情感，意趣及对生命的深沉眷恋，赏析王羲之优美灵秀、超尘脱俗的书法艺术魅力，这又是另一种精神生活。经常开展一些艺术创作活动，如教师书法展、美术展、教师音乐会等。创作是一种怡情养性、净化心灵的精神生活，欣赏更是一种莫大的精神享受。

（10）多样化的精神平台。校园网、《新学堂》校报，报道学校主要活动及热点话题，发表全校师生的文艺作品；每学期一期的《电子科大附小学报》、校园网上的课程资源包，发表教师的教育科研成果；不定期的教师文化沙龙，开展主题辩论或自由讨论，如，对教育本质的再认识、什么叫文化、新技术与传统课堂的颠覆等；务虚厅提建议，献策略，找问题，谋发展；教师和学生共同参与的主题文化月活动等，形成多样的精神平台，促进思想自由交流。思想因交流而舒畅、碰撞、生成、饱满、升华。

教育教学是一种辛苦的精神劳动，需要付出巨大的精神消耗，丰富教师的精神生活，可为教师不断补充精神营养。

二、知识高地

有人把学校喻为人类知识的集散地，颇为贴切。教师是知识的传播者，同时又是知识的发现者和创造者，自然是"集散地"的主角。学校不仅是知识的集散地更应该是知识高地。

我们提出的建设"知识高地"蕴含三层意思：一是让教师了解关于人类社会、关于自然环境、关于科学文化最前沿的知识；二是了解与教育教学关系密切的某些学科最尖端的知识，比如，信息科学、生命科学、心理学、社会学、人类学等；三是了解多门学科常识性的新知识，如少年儿童百科全书所涉及的知识领域。

"知识高地说"首先源于全球化进程加快的挑战。教师作为地球村的一员，总得了解世界上一些主要发达国家的发展状况，了解我们的邻居在教育方面的兴衰历程以资借鉴，了解中国为何主要向美欧开放，了解国家制定教育发展战略的国际背景，了解教育国际化与你所在的学校、你所教的学科有何联系……这样，才能站得高，看得远，从而对自己的教学工作有更深的理解。

其二，源于经济全球化及我国社会现代化、市场化的挑战。当代教师必须学习经济学，至少了解一些经济学常识，掌握一些市场经济的游戏规则，否则你就无法知道经济全球化对一个教师意味着什么，你就不懂"知识经济"的概念，你就不理解"人才是我国经济社会发展的第一资源"的意义，你更看不到学校正处在现代化、市场化的进程之中，比如，私立学校、企业学校、学校品牌、教育成本、教师价值、教育服务、学校竞争、家长择校等概念与现象背后都有那只看不见的市场之手在起作用。如果有一天你不幸被交换、被分流或被待岗，你才明白被"现代化"淘汰，你才明白市场化竞争的残酷，可能为时已晚。

其三，源于知识更新加快的挑战。随着信息技术、网络技术的飞速发展，知识传递更为迅捷，知识更新速度加快。新科技成果转化为产品走进人们生活的周期越来越短，这就要求教师快速站上知识高地，不断更新知识，并将活化的知识与学生生活实际相联系的知识运用于教学，让教学内容与时代的脉搏一起跳动。如教师知识陈旧、僵化，就会受到社会和家长的问责，教师的任职资格也会被质疑。

其四，源于教育技术更新加快的挑战。新材料、新技术不断涌入学校抢占课堂，比如，高清晰的计算机图像、虚拟声音、多媒体平台、网络教学平台、课堂组织软件、新裁量多功能黑板教学资源等。教师必须与时俱进，学习相关知识与专业技术，凭借新的教育技术手段，创造与之相适应的新的课堂教学模式，提高教学效率和教学质量。否则，在新技术颠覆传统课堂教学的同时，教师也可能被"颠覆"了。

其五，源于学生的挑战。遗传密码和人类加速进化带给孩子们非凡的智慧。现代化生活、社交的推动和科技的变革又给这种本能的智慧插上了翅膀。正如钱学森所说："人的智慧不只来源于人脑，还有计算机和信息网络，是人机结合的智慧。"（查有梁《教育的生命怒放》）小学生一旦过了识字关，便可凭借阅读书报、凭借音像手段、凭借计算机和信息网络学习新知识，掌握新信息，学生的学习背景变得宽阔而又多元，加之这一代小学生父母的文化水平都大幅提高，一些"文化资本"富有的高知家庭的孩子更具有学习超前的特点。传统观念中教师的"一桶水"、教师丰富的成人经验、教师是知识拥有者的权威形象在不少学生的心中已风雨飘摇，不那么稳定了。

例如：

学生问老师：为什么交通信号灯以红色标志禁止通行？为什么凡是紧急、危险的场合都以红色做信号？

有老师回答：这是相关管理部门部门规定的，这也是国际惯例。

提问的学生有些遗憾地点头。

另一学生发言：因为红光的波长最长，不易散射。红色信息在人的视觉神经纤维组织传导速度最快，当红色、蓝色、绿色同时出现时，人们最先看到红色，这就是以红色做交通信号等标志的科学道理。

他甚至提到我国著名神经生理学家张香桐及其"张氏效应"。

后一位学生的知识或许来自家长，或许来自《少年儿童百科全书》，或许来自网络。但不管怎么说，他是向老师的权威"挑战"了。

再例如，说到生命科学，孩子们有可能比老师更了解什么是"试管婴儿"，谈到载人飞船，孩子们有可能比老师更了解"神舟五号"，更了解航天英雄杨利伟。

我们建设"知识高地"有两个目的。一是为老师掌握新知识提供硬件设施，比如图书较丰富的图书室、阅览室，书籍更新较快的教师书吧，更新更快、传递速度更快的校园网新知识资源包，校门口的大显示屏等。二是促进教师持续学习，终身学习，不断追求新知识、新思想。这是应对挑战的职业需要。虽然让学生超过老师，是教师追求的一种境界，但是教师如果每每在教学中跟在学生后面，缺失了引领者的风范，那么他在学生心中也就没有魅力可言了。

三、教育科学与教育艺术高地

我们十分重视教育实践中科学性和艺术性的双重价值，一贯坚持教育教学的科学性与艺术性的统一，让学校成为教育科学与教育艺术高地是我们的梦想。

教育是科学，科学的发展遵循实践——理论——实践的循环圈一次又一次地飞跃，从而回答"是什么"、"怎么办"的问题。

学校教育教学的科学性主要体现在：①教育教学目标正确，教育教学方法符合儿童身心发展规律和教育规律；②不断探索学校教育教学中的新现象，不断发现并掌握新的客观规律；③以严谨、理性、实事求是的态度和科学的方法有计划、有目的地组织教师开展专题教研活动；④不断地对学校的教育实践、教育观念进行质疑、批判与反思，并不断地总结、调整、创新；⑤不断地学习运用新的教育技术；⑥不断学习运用新的教育理论与方法。电子科大附小鼓励教师既阅读传统的教育经典论著，又鼓励学习最前沿的教育新观念，让教育思想走在教育实践的前面，还特别提倡了解一些独树一帜，富有挑战性、前瞻性的理论著作，比如《后现代课程观》《全球化与后现代教育学》《复杂性理论与教育问题》《人类的潜能——一项教育哲学的研究》《知识不是力量》等，帮助教师从不同的理论视角理解教育与教学。

学校教育教学的艺术性指教师的语言艺术、行为艺术、活动艺术、组织管理艺术、处理人际关系的艺术、教学机智艺术。这里所讲的教学艺术主要指富有创造精神，富有美学意义的方式方法。如：教学演讲、教师体态语、教师书法与即兴简笔画、教学情境的创设、处理突发事件的教学机智、将干扰转化为新的教学资源的艺术手法、情理交融震撼心灵的创意、师生共同创造的课堂形象、教师个人或群体的教学艺术风格和对多种教学风格的艺术化演绎等。

用艺术化的方式将教育教学内容变得富有情趣，增强教育教学的吸引力；用艺术化的形式推进教育教学过程，增强教育教学的艺术魅力；用艺术的色彩装扮知识，情理相融，变苦学为乐学；用艺术手段和技巧提高教育教学的审美性，以美启真，提高教育教学的影响力。

在非确定性量化方法（如模糊教学）尚未广泛运用于教学评价的今天，教学的艺术性是难以量化与检测的，但二者却相互增强，相得益彰。科学告诉你教什么、为什么教、怎样教，而艺术则使你教得更好。

从上面列举的关于教学艺术的多方面内容可见，教学艺术的实质是，教师的教学目的、教学方法、教学技巧在化为教学行动的过程中，融入了自己的创造、自己的智慧、自己的素养并高度地和谐即可称为"艺术"。

我们倡导并推动老师攀登精神高地和知识高地，旨在通过教师的成长，推动学校的发展，而精神的丰富与知识结构的不断更新则是教师成长的核心动力。

我们通过制度手段要求教师学习新的教育学、课程论，学习新的心理学，新的学习理论等，是因为"我们需要使我们的理论文明化，也就是说我们需要新一代的开放的、合理的、批评的、反思的、自我批评的、能够自我改善的理论"。（埃德加·莫兰）

孩子是祖国的明天，这是我们常挂在嘴上的一句话。然而，明天的祖国不会是今天这个样子，她会前进，会发展。那么，今天教他们的老师就一定要想想他们"明天"的需要，特别是在思想观念上和知识上都应站得高一点，想得远一点，关注一些较有生命力的新思想、新理论。比如，开放多元的思维方式，背景整体联系的观点，注重创造的观念，重视复杂性，尊重多样性，避免现代化弊端的观念，学会区分创造性的新事物和破坏性的新事物的观念，重视思想独立人格自由，既竞争又合作的理念，平等、民主、和谐的师生关系，践行有道德的人性化的教学，生态文明的意识，公民意识，倾听他人、学习他人、尊重他人的美德。

四、生活品质高地

既然学校是特别的家，学校工作是老师生活的一部分，那么生活品质就尤其重要。前面谈到过校长的高品质生活，高雅的生活格调，教师亦然。电子科大附小着力打造教师生活品质高地，旨在倡导一种高尚的文化追求，积极的人生态度，健康的精神生活，这与金钱、物质关系不大，因为钱多并不等于生活品质高。

举一个小例子，中国盛行"麻将文化"，个别老师也沉醉其中，甚至沾染赌博恶习。胡适先生曾尖锐批评国民沉溺麻将的病态人格，他指出："麻将平均每四圈费时约两点钟。少说一点全国每日只有一百万桌麻将，每桌只打八圈，就得费四百万点钟，就是损失十六万七千日的光阴，金钱的输赢，精力的消磨，都还在外。

"我们走遍世界，可曾看见哪一个长进的民族，文明的国家，肯这样荒时废业的吗？一个留学日本的朋友对我说：'日本人的勤苦真不可及，到了晚上登高一望，家家板屋里都是灯光；灯光之下，不是少年人站着读书，便是老年人跪着翻书，或是老妇人跪着做活计。到了天明，满街上、满电车上都是上学去的儿童。单只这一点勤苦就可以征服我们了。'

"其实何止日本，凡是长进的民族都是这样的，只有咱们这种不长进的民族以'闲'为幸福，以'清闲'为急务，男人以打麻将为清闲，女人以打麻将为家常，老太婆以打麻将为下半生的大事业！"

胡适先生的批评是尖锐的，也是理性的，至今仍闪烁着智慧的光芒。

打造生活品质高地，旨在提倡一种积极的生活方式，附小人从健康的娱乐，积极的休闲，科学的健身做起，继而让追求高雅文化生活成为一种习惯，让终身学习成为一种生活习惯。

精神家园建设是我们附小的一项"教师心理健康工程"，旨在为每一位老师以健康的精神状态生活，以良好的精神状态工作创造条件。

适宜教师成长的土壤

教师与学生共同成长，共同发展观念，在教育界已成为共识。学校如何促进教师成长，办法各有千秋，前文提到的家的稳定与和谐，精神家园的积极与健康就是教师成长的沃土，此外，电子科大附小注重从多方面为教师成长创造条件，培育最适宜教师成长的土壤，这是附小管理的第三大工程。

1. 对教师职业的再认识。

任何职业都是一种谋生的手段，教师也不例外。人们选择教师这个职业，动机总是多种多样的。不管起点如何，一旦你进入学校，站上讲台，成了一名真正的教师，如果你对教师职业的认知仍停留在"一个谋生的手段"的层次上，那就远远不够了。我认为，一个老师对自己的职业理解有多深，他的工作责任感就有多高。电子科大附小提高教师职业认知水平的做法是：

（1）激发职业兴趣。心理学告诉我们兴趣是人的一种心理倾向，是一种内在的动力。教师的职业兴趣首先来自其工作对象——学生。学生的生命活力，学生的成长与发展，学生的情趣与情感，学生的尊重与爱戴，学生的成长与成功都能激发教师的职业兴趣和工作热情。教师职业的新颖性、挑战性和创造性，也是职业兴趣的源泉。

（2）体验职业快乐。孟子说君子有三乐，其三便是得天下英才而教育之。教师职业乐从何来？例如：精神劳动的愉悦之乐，以智启智的满足之乐，不断求新求变的创造之乐，希望改革社会与培养潜在的社会改革者的理想追求之乐等。

（3）积极的职业价值观。教师积极的职业价值观主要体现在：①职业的稳定与高雅；②不断学习、占领知识高地的智者形象与自豪感；③影响他人，帮助他人，促进社会进步的信念；④对充满关爱、充满人性的学校工作环境的热爱；⑤对"做教育就是做善事"观念及教师职业，从某种角度说就是慈善工作者的认同；⑥实现教育梦想的成就感。

2. 系统、有效、持续的职业培训。

教师胜任工作需要超前准备，教师素质的提升需要良好的职业培训，教师的发展需要终身学习的支撑。

边工作边培训；为了教学培训，培训促进教学；带着教育实践中的问题培训；培训解决实际问题是最有效的培训方法。电子科大附小的教师培训实施计划包括：

（1）九个系统。

①职业道德培训；②新教育观念培训；③新教学方法培训；④新教学技术培训；⑤新学科知识培训；⑥跨学科知识培训；⑦教育国际化与学校发展培训；⑧教师心理素质培训；⑨科学健身、养生培训。

（2）五种模式。

①方向指引、方式点拨，专家引领模式：现场诊断，专题讲座，外出学习，"导师制"；②同伴互助模式：观课议课，师徒结对，项目培训，学术沙龙，年级组培训；③自我培训模式：自学研修、网上学习、校外取经；④岗位责任制模式：教师参与学校管理，一人一个管理岗位，培养责任感和综合

素质；⑤教师轮换模式：教师岗位定期轮换（对于学生：每个教师都是一门课程；对于教师：新学生、新体验、新思路）；

（3）六大讲堂。

①科学家大讲堂；②文化学者讲堂；③教育专家讲堂；④特级教师讲堂；⑤本校教师讲堂；⑥企业家讲堂。

3. 遵照职业特点为教师留足自由发展空间。

教师的职业特点：立体性的、复杂性的工作对象，特殊的、全面的工作任务，多样性的、自主选择的工作方法，独立的、个性化的工作方式，强烈的个人责任感，难以量化的集体性的工作成果。针对这些特点，电子科大附小在教师管理方面坚持七项原则：

①管理民主，学术自由；②强化合作弱化竞争；③尊重教师个人教学风格；④激励性综合评价；⑤鼓励创新；⑥搭建成长平台；⑦促进教师持续发展。

坚持这些原则，为教师的发展留足空间，让教师和学生在附小这片土地上共同成长。

我们不遗余力地做上述"三大工程"，追求的目标是让附小的老师们：精神上有崇高感，职业上有归属感，事业上有成就感，生活上有幸福感。

人人都是班干部

班级管理是学校管理的一个重要方面，涉及的问题很多。这里着重谈谈我们学校班干部制度改革实验的情况。"班干部制度"、"班干部角色认知"历来受到学校领导层、班主任、学生家长和学生的高度重视。然而视角不同，关注的重点也不一样。

学校领导层的视点：①有利于学校各项教育教学目标的贯彻；②有利于班级的正常运转，有利于全面提升班级学习水平；③有利于培养学生初步的民主意识，自治自律意识，责任意识，规则意识；④有利于培养学生的领导能力，组织管理能力，沟通协调能力，独立思考、独立判断、独立行动能力，人际交往能力和良好的做人做事习惯。

班主任老师的视点：①维持正常的班级次序；②确保班级各项活动成功展开并取得预期效果；③全面了解班级情况，听取意见和建议，搞好班级建设；④选好班主任工作的小助手。

学生家长的视点：①孩子可以获得更多学习与锻炼的机会；②孩子与老师接触更多，可以得到更多的信任、鼓励与帮助；③对孩子未来的社会角色有潜移默化的影响；④使孩子更加自信、自强；⑤培养多方面的能力；⑥干部角色让孩子自信，促进孩子学习的自觉性与进取心，是一种正面的鼓励。

学生的视点：①一个锻炼自己、表现自己的机会；②不被老师疏忽或被班集体边缘化；③别人行，我也能行；④好奇、有趣、带劲；⑤有成就感。

我一直在想，大班制学校一个班五六十个学生，如果班干部制度为一种有效的教育培养机制，设班干部是有必要的。一个班级就是一个小社会，孩子们要在那个小社会中生活、学习好几年，在孩子眼中那就是他们最真实的生活，他们最真实的世界。因此，小干部的产生、撤换要体现孩子们的意志都是很认真很严肃的事情，绝不是成人眼中玩"过家家"似的游戏。但是，长期以来，由于班干部名额所限，谁来当干部成了班级管理中的焦点问题，甚至发展到了个别家长通过找关系、"走后门"的非正当渠道为孩子谋求班干部位置的程度。这就离"班干部制度"设立的宗旨相距甚远了。

我们学校班干部制度改革试验的目的有四个：其一，逐步淡化小干部的"官味"，使其角色定位向"小小志愿者"、"小小义工"、"小小服务员"靠拢；其二，体现教育公平，每个孩子都有自主参与的机会，都有自主选择岗位的权利，都有得到培养与锻炼的平台的机会；其三，每个孩子养成爱做事、能做事、会做事的习惯；其四，上文领导层的视点中之③④写到的内容。

其实在许多国家的学校里都有类似的制度和做法，只是不称作"干部"罢了。以日本小学校学生的清扫活动为例，每个清扫场所都有责任者（班长），清扫前要张贴学生写的告示，公告清扫时间、地点、小组负责人和组员，并由班长主持清扫小组召开扫前会和扫后会。全校的清扫活动不仅井然有序而且有丰富的教育意义。

附：

读《人人都是班干部》有感

12 月 29 日晚上，我一口气读完了李局长推荐的文章《人人都是班干部》，感受很多，写出来和大家交流。

一、电子科大附小在班级自主化管理方面的做法和意义

1. 做法：①人人都是班干部，人人都有事做。一个班 57 人，班干部岗位就有 50 个。②设立班级自主化管理小岗位的目的明确，就是为了培养学生主体性，让每个孩子都有锻炼的机会。③三类管理。即专任组长实行循环管理，事务组长根据事务类型来分，竞聘岗位有三个特点：任期制、选举制、淘汰制。④落后生积极参与班级自主化管理，要求当学生班干部。⑤效果良好，学生欢迎，家长认可，教师省心。

2. 意义：推进主体多元教育改革，培养学生主体性、创造性，促进学生发展，开创班级自主化管理新局面。

二、学习电子科大附小在班级自主化管理方面的做法，开创班级自主化管理新局面

1. 关于班级自主化管理小岗位的设立，根据班级工作特点和需要灵活设置。①班干部设置。如班长、学习委员、纪律委员、文艺委员、体育委员、卫生委员、宣传委员等。②班级自主化管理小岗位。如学习方面，设置语文、数学、英语、小学科课代表和各组小组长；卫生方面，设置一批管理员，如保洁检查、擦黑板、拿粉笔、收拾教师讲桌、窗户卫生、扫地、检查卫生等；纪律方面，有检查戴红领巾情况的，有检查广播体操的；文艺和宣传方面，设置图书保管员、广播员、报纸收发员等。

2. 召开班会，让学生选择自己喜欢的岗位，每个学生都有一个岗位。

3. 在班级自主化管理方面，充分发挥教师的主导作用。教师做到把班级管理权交给学生，以学生为主，教师只是当好"参谋"，出出主意，想想办法。

4.在班级自主化管理方面引入激励机制，奖勤罚懒，充分调动学生的积极性，让学生在管理中学会管理，学会自我教育、自我管理，提高学生的自主化管理水平。

河南安阳殷都北蒙小学　王春风

（注：李局长系河南安阳殷都区教体局副局长李志宇，曾率队到附小考察。）

第七章

学校的教与学

★ 1. 课程与教学改革必须冲破哪些局限？

★ 2. 电子科大附小的课程体系是如何建立的？

★ 3. 电子科大附小的教学改革有何特色？

"学校只能从内部展开改革，学校改革倘若不以课堂改革为中心，就不可能有丰硕的成果。"（佐藤学《课程与教师》）附小的实践正与教育学者的观点契合，将课堂教学改革作为学校教育教学改革的核心。本章着重从教学思想、课程改革、课堂教学三个方面叙述电子科大附小教学改革的尝试与特色。

　　教师是课堂教学改革的绝对主角。只有教师的教学思想经历了深度的变革，才会有真正的课堂教学改革，否则，课堂教学改革只能是表面化的、走形式的、跟风式的、应景式的和新瓶装旧酒式的，这不仅会断送了改革而且会贻误孩子。

课程与教学的局限

教学思想的变革意味着冲破旧有教学思想的局限，意味着每个教师的内心世界要经历新旧思想的交锋、碰撞、扬弃与选择；意味着一些固有观念、信念的荡除和新的思想观念之网的重新建构。下面着重从七个方面对局限课程与教学变革诸因素试作分析。

一、封闭与短视

一些教师思考教学问题往往局限于一校一班一门课程一本教科书，把自己封闭在一个小圈子里。教学思想的封闭，导致视野狭窄，对新观念、新方法反应迟钝。如同我在前文中说到的，一定要把教育改革放到大背景中（即世界本身）去认识，同样，理解教学，变革教学，也离不开大背景。这个大背景就是：认识我们所处的大环境，把握全球化时代对教学的要求；认识现代化建设给我们国家带来的进步及其危机，把握国情对教学提出的新挑战；认识新的自然科学理论对一个时代的社会思维方式及对教育思想的影响，把握教学改革深刻的理论背景和思想精髓。当一个教师的头脑由封闭转向开放，他就会从过去、现在到未来全方位多维度去审视教学，看到一个更为广阔的世界。让我们记住《复杂性理论与教育问题》作者的忠告："一个不能考虑背景、环境和全球复杂性的理智将导致盲目、轻率和不负责任。"

二、儿童缺位

教学的根本目的就是育人，促进人的成长，人应该占据教学思想的核心位置。但在现实中挤满一些老师教学思想领域的往往是教科书、教学参考书、学科知识的传授方法、各种作业练习的设计等，什么都有了，"根本目的"却常被忽视，"核心"却常缺位。这就是经常被诟病的没有"人"的教育、"儿童"缺位的教学。如果教师心中有学生，教学着眼于生命成长，人性的涵养，围绕着"人"思考教学，组织教学，则一通百通，真正让孩子们生命的精彩与教学同行。如果教学走不出"知识中心"的阴影，就培养不出具有创造能力的学生。"知识，百科全书可以替代，可是，考虑出的新思想、新方案、却是任何东西也替代不了的"（日本学者川上正当），更何况在海量知识离学生只有一个鼠标的距离的今天！

三、匠人思维

"匠人"的特点有三：①技术熟练；②经验重复、机械性劳作；③按某一标准将原材料加工成产品。具有匠人思维的教师也有三个特点：①缺乏独立思考精神；②重复他人的发现，缺乏创造性思维；③机械性思维是主要特征（预设目的——按设计程序操作——教室成了制作标准件的工场）。具有这种思维特点的老师忽视基础理论，偏重经验性知识、案例性知识，喜欢听同行上课，乐意研究同行的教案并经常重复使用自己的教案。"匠人思维"是我们在前面简表中列举的机械隐喻导向的思维类型，在教学中表现为常用剧本式的教案上课，学生则成为配角或看客。这种思维方式显然与时代精神相悖，用这样的思维方式指导教学不仅思维封闭，而且时空封闭，教室局限了学生丰富多彩的活动，教科书规定了教学内容，限制了学生宽泛的文化涵养与积淀，教师预设的目标、程序控制着学生的走向，束缚了学生的成长，扼杀了学生的创造力。

四、专业之殇

刚走上三尺讲台的青年教师常有一种困惑：他们发现自己在学校所学的教育学、心理学等学科专业知识竟大多用不上，仿佛自登上讲台那一刻起，专业知识就死了。学校需要安排一个老教师带他们，他们必须听课进行学习，然后再给学生上课。为什么会出现这种现象？钟启泉教授曾指出，教师专业化的核心要素是"反思"与"实践"。青年教师缺少实践性知识，更缺少对经验的反思，随着实践性知识的增加及对教学经验与案例性知识的反思，实践性知识与理论知识必然在碰撞中融合，促进教师对教学的理解，专业知识必将在新的高级形态上复活并不断生长。

教师的知识结构和组织知识的能力也是其专业发展的一个重要问题，"一方面我们的知识是分离的、被肢解的、箱格化的；另一方面，现实或问题愈益成为多学科性的、横向延伸的、多维度的、跨国界的、总体性的、全球化的。这两者之间的不适应变得日益宽广、深刻和严重"。（埃德加·莫兰）这段话虽然是针对整个教育讲的，但对认识教师专业知识与教学实践问题不无启示作用。因为教学中，学生是复杂的，教学情境是变化的和不确定的，这需要教师综合性地、多维度地、跨学科地、创造性地组织和运用专业知识，真正让专业知识在教学过程中为学生的成长服务。

五、课程误区

华东师范大学终身教授钟启泉先生在其主编的《课程的逻辑》封面上印有一段发人深思的文字："课程改革的过程充满新旧观念的碰撞，引发着多元声音的交响，这是好事。因为正是这种碰撞和交响，才能给我国基础教育学校的课程与教学带来新的活力和希望。"

课程改革虽然进行了好些年却依然步履维艰，除了学校无法左右的诸多因素外，对课程理解上的误区、课程文化建设的滞后、课程研究力度不足也是重要因素。

封闭、僵化的课程观：课程就是学科，课程就是教科书。课程被教科书固化了，变成了封闭的、僵化的东西，教师走不出教科书，学生则更是被教科书围困。持这种课程观的老师认为，教科书就是课程的具体化，是教学的根本。长期以来，在这种片面、狭隘的课程观的影响下，小学课程与教学走进了种种误区：

（1）教科书统治课堂，是课堂教学中的最高权威，老师"教"教科书，学生学教科书，考试考教科书。

（2）教学活动被局限在教科书规定的范围中，稳定的单向循环，变成了简单的知识传递。

（3）一间间教室犹如一台台教学机器，按照教科书的标准和教学参考书引导的程序，日复一日生产标准件。

（4）知识成了教学活动的中心，既是教学的出发点，也是教学的最终目的。

（5）教学内容重传承，轻开创；重过去，轻现在和未来。

（6）教学方式上重将整体的复杂的知识加以切割使之条块化、简单化的讲授，重围绕理解教科书内容为目的的问答或练习，重学生接受能力的培养与褒扬。

（7）"安静"、"听话"、"接受能力强"、"会考试"成了好孩子的标准。

（8）一些教师最为认同的经验：时间的积累＝知识的增长＝智慧的形成。

六、预设与塑造

不少老师和家长热衷为孩子们预设目标，大到人生理想的预设、个人成长的预设，小至一节课的具体教学目标的预设，然后采用一定的程序和方式按预设目标进行塑造。在孩子们作文中的一些观念就是预设引导的一种反应，如相当多的小学生往往是把当政治家、军事家、科学家、企业家等作为人生理想，而想当厨师、水泥工、饲养员、清洁工这些普普通通却又实实在在的工作为理想目标的人却寥寥无几（如此庞大的群体都想挤到食物链的顶端，这是不可能的。其中的主观思想主义者必然成为失败者）。等到大学毕业，当各种宏伟理想落空，权、钱、名梦碎，再遇到社会上几盆凉水，这种从小就在心中开始堆砌且不断增长的理想大厦顷刻间轰然坍塌，而能维持生计的所谓"下等"职业又不愿侧目，剩下的就只有精神崩溃或成为宅男、网虫、蚁族或"啃老族"了。

我无意否定理想教育的作用，更无意否定后天教育的培育功能，但反对简单地贴标签，不赞成不切实际的片面的童话式的理想教育，不赞成在机械论隐喻下的教育教学目标的预设与塑造。我们不能通过塑造训练影响学生个性的发展，更不能代替学生的自主性、选择性和独立思考，因为生命的成长有其自身规律，是一个复杂的过程，人生旅程更是充满不确定性。教育是唤醒、是启迪、是激励、是引导、是帮助，这些耳熟能详的词语绝对不是空话。

教学不是预设与塑造，而是在适当的时机，选择适当的内容，采用适当的方式，促进学生全面的个性化的成长。

七、功利色彩

片面强调考试知识和追求分数，给教与学涂上了浓浓的功利色彩。在各项政策和管理措施的改革尚不完善的今天，分数背后连结着太多太长的利益链，比如：学校的荣誉、教师的绩效、家长的期盼、五花八门的社会办学团体的利益、教辅资料编辑出版者的利润、测试考级及竞赛组织机构的生存等。稍作分析不难发现，残酷的分数大战的实质就是"为了成人社会眼前的利益牺牲儿童"，日益功利化的社会风气，使教育、教学功利色彩越来越浓。

改革就是破旧立新。冲破旧的局限，附小人新的课程教学观念在改革实践中逐步建立，独具特色的课程体系和教学方法逐渐形成。

对课程的重新解读

课程因育人而设立，它对学生的成长具有引导作用和促进作用。课程具体体现教育思想，体现学校的价值观，体现教师的教育理想和教育信息，是实现育人目标的重要途径，是学生全面发展、个性化发展、健康成长的具体方案。课程的性质、特征、内容决定着教师对学生的培育方式，制约着学生的学习并影响着学生的成长方式和发展走向。

比如，综合实践性课程关注学生生活经验、实践经验、综合能力、实践能力的培养；综合课程与分科课程的结合注重知识的整体性、跨学科知识的融会贯通，多方面知识的整合有利于培养学生应对复杂性、解决现实生活中的各种问题；连贯性课程使小学课程与初中课程无缝衔接，利于学生知识的连贯、各种素养的螺旋上升和身心成长的持续稳定与和谐；国家课程、地方课程与校本课程的结合，必修课程与选修课程的结合，通过必修课程让国家基础教育实现基本目标，达到基本水准和共性化要求，选修课程适应学生差异，发展个性特长，尊重学生自主选择，为其自由发展留下广阔的空间。

课程是连结教师和学生的主要媒介。学校教育促进学生成长主要是在教师、课程和学生相互作用的过程中实现的；知识与技能、过程与方法、情感态度与世界观等多维目标的实现、学生综合素质的形成、合格公民的培育都要借助课程这个载体。

课程是因为学生而设立的，它是教师与学生交流经验、展示成果的平台；是教师与学生思想碰撞、探究实践、建构知识系统、价值系统的平台；是教师与学生对话的平台；是师生自主发展、自我提升、互助互动、共同成长的平台。

课程是联系。课程联系着人类文明，担负着文明传承的使命；课程联系着现实社会，担负着把学生培养成适应社会需要，促进社会发展的合格人才的使命；担负着培养学生具有开创未来的素质和能力的使命；课程联系着过去、现在和未来。此外，课程的联系性还体现在人与自然的联系，人与社会的联系，课程之间的联系与融通等方面。

课程与开创。继承与开创是课程的重要特征，在开创新知、开创新课程、开创新教材与教法、开创新的学习方式等方面，新课标给予学校和教师很大的自主权和开创空间。

课程是一个开放的系统。课程既能容纳又能扩展，是一个充满多元性、选择性、整体性、丰富性、背景性、均衡性、创造性、复杂性和不确定性的开放系统。

课 程 体 系

一所学校改革的核心是课程改革，一所真正有特色的学校，必须有符合其办学理念的课程体系。

基于学校的办学思想、育人目标，基于上述课程观，我们建立了三个层级的课程管理小组。以校长为组长的"学校课程改革与发展规划"领导小组成立了。规划小组负责提出课程改革的指导思想，课程内容总体框架，课程管理实施细节并形成总体方案。以教导主任为组长的教导处、教研组则具体负责课程规划的组织实施。由教科室主任牵头负责关于新课程的理论与实践的研究，新课程与课堂教学改革课题研究，国家课程、地方课程与校本课程和谐统一的研究等，为课程改革提供理论支撑。

今天，电子科大附小已形成三大板块、十七个系列的独具特色的学校课程体系。

第一类：基础性课程板块。

基础性课程，即国家课程。国家课程是根据课程标准编写的，它凸显了国家对基础教育水准的基本要求，它关注的是学生的共性和学生的综合素养的培育，这是电子科大附小主体课程和核心课程，统编教材是根据国家课程标准和一定学科课程编选的，是学校教学的基本材料和凭借。

第二类：选择性课程板块。

电子科大附小的选择性课程由地方课程与校本课程构成，校本课程源于儿童的生活世界，源于人、社会、自然，源于历史的、科学的、人文的广阔领域，既有"长度"，又有"广度"，是少年儿童百科全书式的课程。

第三类：综合性课程板块。

电子科大附小形式多样、生动活泼、情趣盎然的活动课程是一大特色。传统的节日，课外活动，社区实践活动，配合一些关键的时间节点、重大事件而开展随机的教育活动等。经过多年的努力，学校初步形成"年年都有活动课程规划，月月有主体活动课程"的制度。

下面列举电子科大附小 2012 年 1 月—12 月主题活动课程。

1、2 月—传统文化月—活动主题：弘扬传统　学会感恩；

3 月—科学活动月—活动主题：科技融入理想　创新激扬人生；

4 月—英语文化活动月—活动主题：多彩英语　精彩生活；

5 月—音乐文化活动月—活动主题：音乐让爱心与智慧一起飞扬；

6 月—美术文化活动月—活动主题：巧手展奇思　妙想绘童年；

7、8 月—实践活动月—活动主题：读万卷书　行万里路；

9 月—阅读活动月—活动主题：阅读经典　对话伟人；

10 月—体育文化活动月—活动主题：有健康才有未来；

11 月—信息技术活动月—活动主题：信息连接明天　技术引领未来；

12 月—数学科学活动月—活动主题：穿越思维空间　成就数学梦想；

每一个主题活动课程都是多学科结合、课内外结合、校内外结合的系列。比如，英语文化活动课程内容包括：英语歌舞、字母操、写英语剧本、表演英语剧、英语小报、与外国友人合唱、小小翻译家等，寓教于乐，寓学于乐，在活动中学习，在活动中成长。

电子科大附小校本课程系列：

选择性课程
- 人类与社会系列
- 自然与环境系列
- 科学与技术系列
- 文化与艺术系列
- 爱国教育系列
- 健康教育系列
- 心态培育系列
- 习惯培养系列

综合性课程
- 主题活动系列
- 礼仪典礼系列
- 社会实践系列
- 体育活动系列
- 班级活动系列
- 学生活动系列
- 手工劳作系列
- 科创活动系列
- 家政培养系列

这 17 个系列包括上百种课程，已进入试行程序的已达 38 种。

电子科大附小课程体系有以下特色。

1.体现国家课程改革发展方向。

课程因学生而设置，体现素质教育要求，为学生的健康成长服务。

以国家基础课程为核心，充分拓展校本课程，使国家、地方和学校三级课程彼此联系，相互补充，不断优化，逐步完善，形成"多样统一"的校本课程体系。

课程开发民主化、开放化、个性化、实实在在地赋予学校办学的自主权，为学校的自主发展，个性化发展创造了条件；同时极大地扩展了教学领域，丰富了教学内容。

2.体现电子科大附小的办学理念。

如：生命动力；健康第一；学习第二；心系健康，赢在习惯；教师、学生、家长共同成长；因材施教，个性化成长；和谐发展；个性化教学；关注知识整体性、联系性、背景化、网络化；重情商、重学习能力、创新能力；重习惯培养、心态培养；开放式办学的大教育观等。

新课程呼唤和谐的师生关系

教师与学生是凭借课程媒介产生相互作用的，师生相互作用是学生知识生成与建构、综合素养的提升、学生健康成长的最关键的因素和动力源泉。而师生关系是否和谐又是师生相互作用促成转化产生"正能量"的重要前提。

新课程，呼唤教学中新型的和谐师生关系的诞生。我要求教师主动从六个方面实现角色转换，建立和谐的师生关系：

（1）由严师转向伙伴；

（2）由操控转向开放；

（3）由传授转向探究；

（4）由独占转向对话；

（5）由训诫转向激励；

（6）由塑造转向培育。

其实，转换的不仅仅是关系和角色，而是教育思想的变革，是教学理念的更新。良好的师生关系，增强了师生间的理解与信任，教师和学生成了课程的共同创造者。

成长新课堂

新课程导引着教学方式的选择，推动着教学改革特别是课堂教学改革的进程。我校于 2007 年 8 月开始的"新学堂"教改实验课题中，"成长新课堂"即是重要的研究内容之一。学校教育的一切都是为了育人，促进学生的健康成长，而育人的主阵地在课堂，因此，课堂教学改革被称为学校教育改革的核心地带。然而多少年来课堂教学的少、慢、差、费，教学方式的固化、僵化、"物"化，无法适应不断变化和快速发展的时代对教育对人才的需求，因而广受抨击，我在前文中已有分析。关键是怎么改？还得先从改变思维方式，更新观念入手。观念的枷锁不彻底砸碎，改革是迈不开脚步的。因为教学观念是课堂教学的灵魂，没有灵魂的课堂往往是肤浅的、迷惘的，灵魂缺失的方法往往只有漂亮的躯壳或僵硬的程序。这里着重介绍"成长新课堂的十二个理念"（关于成长新课堂研究的全过程以后另有专著论述）。

1. 因人而立的课堂。

（1）学生是课堂的中心。教师上课不是教教材而是育人，学生在教师的心中，课堂就有了精、气、神。

（2）育人是各科教学的出发点和终极目标，课堂教学中的一切活动都是为了培养"人"的学科素养，促进学生全面的、个性化的健康成长。育人的课堂，必须有合乎人性的形式。创造适合学生成长的课堂是每一个教师的责任。

（3）成长新课堂核心在"成长"，这种成长是有效的、具体的、看得见的、感受得到的而不是"飘散的"、模糊的。关键在一个"新"字，探索新时代下新的思维方式，探索新课程标准背景下的课堂教学新模式、新方法，这也是现代学校对社会时代诉求必须的回应。

2. 激扬生命的课堂。

（1）构建师生相融互动、共生共荣的课堂生态环境。

（2）每一个孩子都拥有先天的遗传密码，要尊重学生先天的遗传素质，激发学生的能动性、自主性和独立性，依靠"生命动力"促进学生成长，这是每一堂课都要遵守的基本原则。

（3）参见本书"动起来，让每个生命更精彩"一节中的阐释。

3. 爱与善良的课堂。

（1）课堂教学中充满爱与善良，这是教师上课的底线，又是课堂教学的最高境界。"善良是精神世界的太阳"，教师扬善，解放儿童心中的天使，在孩子们心灵中播下向善向上的种子。

（2）充满爱的情感和善良的心地的教学是人性化的教学。教师尊重学生人格，关爱每一个学生，让学生学得主动，学得有尊严。整个课堂教学只有在人性为特征的基础上建成的系统才能取得最佳效果。

（3）课堂管理公平、民主，关注个体差异，没有盲点，没有被边缘化的学生。

4. 思考与创造的课堂。

（1）培养学生独立思考、创新精神、创新性实践能力是课堂教学的重点。

（2）课堂是思考之堂，是多种观点碰撞与展示的舞台，要重视多角度思维、创造性思维和运用多学科知识解决问题的能力。

（3）课堂教学中要有真实的疑问或情境引发学生的思考，要鼓励学生既善于学习、借鉴与欣赏，又要敢于质疑与批判，边理解别人的思想边产生自己的思想。

（4）在课堂评价中既重视正确答案，同样重视片面甚至是错误的观点，让学生在比较中自我完善，要特别珍视儿童的无意识思维、情感思维、自由联想、新颖的思路、独立的见解与创造的火花。

5.注重过程的课堂。

（1）从培养学生独立思考、创造思维、自主探究学习、发展实践能力的角度说，过程即课堂教学的目标。

（2）课堂教学是儿童主动学习，展示自学自悟成果，体验与实践的过程，犹如师生的一段旅程，时时处处都有独特优美的风景。

（3）忽视过程而讲定义，告知结论，则相当于取消了学生探索与思考的过程，扼杀了学生未出生的思想，封闭了多种可能性。

6.背景与联系的课堂。

（1）课堂教学中，教师要善于将学科知识、人物、事件等放置到一个尽可能大的背景中去认识，如历史背景、现实背景、国际背景、多元文化背景、跨学科背景、儿童生活背景等，这犹如给学生打开了教室之窗和思维之窗，让学生视野广阔、思路开阔，使他们的认识具有整体性和复杂性。

（2）如同大千世界充满着广泛而复杂的联系一样，课堂教学同样处在复杂的联系中，如：学科间的联系、人与人的联系、人与自然的联系、人与社会的联系，课程与过去现在和未来的联系等。教学注重联系性，才有利于在学生头脑中构建多元的、丰富而复杂的认知网络，这些网络就是解决问题的机制，就是创新的机制。

（3）背景与联系有利于培育学生开放的、全面的、合理的、深刻的思维品质和解决问题的能力。

7.方法适当的课堂。

（1）让知识以适当的方式进入学生头脑。现代课堂教学要体现正确的知识观。我们反对知识本位，并不是削弱基础知识教学，而是强调知识的活化、网络化和背景化，强调知识进入儿童头脑的科学方式，强调整体性、联系性、复杂性的知识，强调知识的综合运用，而不是将复杂的知识简单化，将整体切割成碎片，喂给学生，导致整体功能消解。

（2）注重学习能力的培养，让学生知道如何自学，知道在哪里去寻找知识，知道综合运用知识比知识更重要。

（3）教与学是教学活动的两个方面，课堂教学既要用教学理论处理教学内容，安排教学程序和结构，即教学过程教学法化；又要用相应的学习理论指导学生自主有效地学习。教法与学法有联系又有区别。比如，在教学实践中采用发现式、自主、合作、探究式的学习方法，知识由学生自己建构，似乎教师该讲的不能讲了，可以直接告诉学生的不能告诉了，这是混淆了两种理论而进入的误区。

（4）知识类型不同，教法、学法也不同。比如，对于工具性知识、事实性知识、概念性知识、程序性知识等，就应针对其特点采用不同的教学策略。

（5）"转化"是学生成长的重要标志。最好的教学方法，就是能促进学生积极转化的方法。比如：将课本上的词、句转化为自主、自由的表达，将阅读所得转化为独立写作的能力，将课堂上对文本的多角度解读转化为自己的一种思维方式，一种解决问题的能力等。

8. 理性与幽默的课堂。

（1）在课堂教学的现场，掌控教学作出决策付诸行动的，永远都是教师一人。教师具有理性，才有理性的课堂；教师具有幽默感，才有有趣、有味道，有轻松愉快的课堂。

（2）理性使用教材。世界上没有一本完全适合每一个学生的教材，因而教材的使用考验着每一个教师的智慧。对教材的使用有三种境界：其一，指导学生正确理解和掌握教学材料；其二，在理解掌握的基础上，根据培养学科素养的需要对教材进行增、删、合、改；其三，在对教材有透彻把握、独特思考、多种解读的基础上，既引导学生走进教材，又引导学生走出教材、超越教材，将视线扩大到教材之外的广阔领域，这是开放的课堂、开放的教学，是理想的第三种境界。

（3）对国内外、校内外各种教育理论、学术观点和教学经验要作符合教育规律的价值判断，理性选择。盲目跟风则可能对学生的成长造成阻碍。

（4）理性管理课堂，如"爱中有纪律"的教育，自由来自自我行为的规范的教育，对文本进行多角度解读中的适当的价值观、是非观的引导，公共空间的礼仪和行为规范等。

（5）以幽默的方式活跃气氛、调节情绪、放松心情、控制节奏，增强课堂教学的趣味性和吸引力。幽默应是富有儿童情趣的、高雅的，有意蕴的而不是低俗的。

（6）理性的评价。课堂教学中少不了师与生、生与生之间的对话与评价，教师对学生的评价要以正面激励为主，忌简单否定、粗暴批评、非黑即白的两分法和随意贴标签。

9. 大数据时代的课堂。

（1）大数据时代互联网正改变着世界，改变着人们的思维方式和生活方式，也必将对课堂教学带来颠覆性的变革。

（2）充分运用"学习资料包"、"电子书包"的个性化学习功能弥补大班教学的缺陷，促进学生个性化成长。

（3）整合数字化教育资源，为学生搭建校内外学习，课前课中课后学习的系统化平台。提高学生运用互联网自学的能力和运用信息的能力。

（4）创建并不断丰富人机结合的课堂教学新模式，逐步开设本校的网络教室、网络课程。让学生运用互联网工具，"主动参与，塑造未来"。

10. 氛围融洽的课堂。

（1）良好融洽的课堂氛围，让学生情绪积极愉悦、心态健康平和、思想专注，有利于提高学习效率和质量。

（2）良好融洽的课堂氛围源于信任、友爱、彼此尊重、包容、和谐的师生关系。

（3）兴趣盎然的氛围源于教风的风趣、幽默、灵动与智慧。

（4）激情与活力的氛围源于教师的感染和移步换景的教学艺术。

（5）思辨与论争的氛围源于教师的激疑和学生的质疑，源于真实的问题和真实的对话。

（6）压抑、沉闷甚至恐惧的氛围则来自教师的呆板、控制与粗暴。

11. 有效率的课堂。

（1）课堂教学在特定的时空中进行，如何在有限的时空中做最有价值的事，以实现教学效果的最大化，是执教老师需要解决的重要问题。

（2）不追求完美、抓住关键时点。比如：理解的焦点、感悟的过程、复杂的情感体验、充满多种可能性的话题，有效的合作学习、多学科知识综合运用等，抓住关键时点，教学既有质量又有效率。

（3）坚决剔除价值含量低，甚至无效的教学环节。如：不需动脑的简单问答、重复性练习、形式化的小组合作学习、走过场式的探究、起点总是归零的教学等。

12. 设计精致的课堂。

（1）缺乏创意与设计的课堂难免平庸。教师应该是一个高水准的创意设计者。对教材的创造性运用和巧妙剪裁；对先进经验的借鉴；对多种教学资源的统筹无不依赖教师精致的设计。

（2）课堂设计要将知识与技能、过程与方法、情感态度与价值观三个维度的教学目标，落实在教学环节中，像春风化雨般滋养着孩子们，不说教、不虚化。

（3）课堂设计要善于调动多种手段，使教学具有情绪感染力、视觉冲击力和较强的吸引力，以保持学生的好奇心、学习兴趣和求知欲，并逐步形成具有个人风格特色、创意独特的精品课程系列。

我当过多年的数学老师和数学教研员，任校长后常听课，参加教研活动。我喜欢站上讲台与孩子们一起学习那种奇妙愉悦的感觉。下面，我想以我当校长后上的一节数学课《百分数的意义与写法》及我们学校老师们上课的实例，说说我对新课标视野下课堂教学的解读。

课堂因思想而精彩

教学片段

（课前布置学生通过看教科书、查找资料的方式收集与百分数相关的知识，并带入课堂。板书：分数。作简短的分数知识训练）

师：同学们，以前我们学过分数，今天我们学习与分数密切相关的一个新的数——百分数。（在"分数"前板书：百）请大家齐读一遍。

（生齐读，师播放课件PPT。）

师：有关百分数的知识，同学们想研究哪些问题？

（生纷纷提出问题，师梳理归纳并板书）

师：看到"百分数"这个课题，我们想研究的问题有：百分数的意义，百分数的读法、写法，百分数和分数之间的异同，百分数是谁发现的，我们为什么学百分数，百分数怎么用，百分数是怎么来的，等等。

（调查学生对百分数相关知识的了解及自学情况）

师：接下来我们一起研究这些问题。先调查一下，关于这些问题，你们有些是不是已经懂了？

生1：我知道百分数怎么读。

师：知道百分数怎么读的请举手。这么多人都知道啊！请问这位同学，你是怎么知道百分数怎么读的呢？

生1：我是预习的时候知道百分数怎么读的。

师：她的方式就是通过自己预习知道，我们给它取个名字，叫做"自学"。（板书：自学）你们还知道哪些知识？

生2：我知道百分数在生活中有什么用处。

生3：我知道百分数怎么写。

生4：我知道了百分数的意义，一个数是另一个数的百分之几的数叫做百分数。

师：她已经知道百分数的意义了，不错！那我想问一下，你是怎么知道的？

生4：我也是自学的。

师：我们的同学通过自学知道了与"百分数"有关的一些知识，真能干！你们在平常的数学学习中，除了自学以外，还用到哪些学习方法？

生1：在听课的时候学习。

师：（板书：听讲）还有没有别的方式？

生2：自己在家预习。

师：预习也是自学。

生3：和同学讨论。

师：和同学讨论，合作。（板书：合作）同学们提得不错！我们获取数学知识的方式主要有"自学、听讲、合作"等，当然还有其他方式。

师：剩下的问题同学们想采取哪些方式来学习呢？用手势告诉我。先对这三种方式编号：一是自学，如果你同意就用手势表示一；听老师讲就是二，合作就是三；如果你觉得还有其他方式请用四。现在开始！（边说边用手势

示意）

师：很多人选择了第一种方式，但也有不少人选择了第三种方式，也有几个同学选择了第二种方式。请放下！那大家知不知道老师想采用哪种方式？

（生摇头）

师：这节课的知识——百分数的意义和写法，我希望同学们自学，自学以后我们再讨论，好不好？先提几个要求：第一，请大家翻开书104至105页；第二，请大家围绕刚才提出的想研究的问题来自学；第三，时间5分钟。开始！自学过程中有什么不懂的问题，请和我商量。

我认为教师的教育思想和教学观念是一堂课活的灵魂。在数学课堂教学中，我们是把数学教育的重心放在数学上还是放在教育上，将直接影响教师的教学行为，进而影响到学生的学习状况。把数学教育的重心放在教育上是不是偏离学科，缺少"数学味"呢？我认为不是。一切教学活动都是一种教育行为，都是指向人，指向促进人的成长的。因此人应该站在课堂中央。否则，学科教学将游离在育人这个教育的根本目的之外，而情感态度、价值观也变成了知识与技能的附加或标签。同时，小学数学更多的是一种小学生的认识活动，是一种间接经验的习得，认识主体的认知水平与心理特征决定着效率与品质。在课堂教学中处理好"抽象冰冷"的数字与"温暖的人性"的关系，是一种境界。

上面的教学片段，折射出以下一些教学理念：

尊重学生、平等真实地站在学生中间，认真听取学生在已有的分数知识的基础上，最想研究有关百分数的哪些问题，教师相机梳理归纳。学生自己提出的问题成为自己的、本节课的学习目标。教师站在学生立场，将学生的需要作为教学起点，顺应学生的学习思路设计教学思路。一开课就把学生推到主人的位置上，后面的自主学习，顺理成章。

学生全身心投入自学是最有效的学习，有利于增强学习的责任感，形成学习的自觉，有利于培养学生的自学能力。问题由学生自己提出，又通过自学、交流、合作，自己一个个地将问题解决。老师的追问是指导学生自己对学习方法的总结和选择，是促进学生数学思维的发展。

课堂因参与而高效

教学片段

（5分钟自学，同桌交流略）

生3：我知道了百分数不写成分数形式，而是在原来的分子后面加上百分号来表示。

师：这也就揭示了百分数的——

生：（齐）写法。

师：知道了百分数写法的请举手！（大多数小手都举起来了）那你们自己在作业本上写一个，写好了同桌交流看。（师巡视，将生4的作业本投影展示）你们觉得这个百分数写得好不好？

生：（齐）不好！

师：哪位同学来点评一下？（问生4）你自己呢，希望同学们点评吗？

生4：要。

师：你希望哪位同学来点评？（生4指生5）他想请你来点评一下！

生5：我觉得他的百分号的两个圈圈离太近了。

师：（转向生4）你自己觉得呢？

生4：我觉得，如果离百分号太远了，就会跟前面的数字13连在一起，就看成130了。

师：看来离得太近也不好，太远也不行。哪位同学再来点评一下？

生6：那两个点应该一个在上面，一个在下面。

师：是点还是小圆圈？请同学们再看看，书上是怎么写的？

师：那么，我们再写一下，写好的请举手！（投影生7的作业本）同学们看看这个同学这次写得怎样？

生：（齐）好！

师：掌声鼓励！看来百分数的写法我们明白了。哪位同学说说，你还明白了什么？

（生交流：明白了百分数与分数写法的不同；百分数的分母永远都是

一百；百分号代替了分数线和分母；百分数的产生是为了统计和比较；百分数怎么读……）

生8：我还知道了，百分数的后面不可以带单位，而分数的后面可以带单位。

师：她已经猜测到百分数的意义了。（问生8）那是不是所有的分数都要带单位呢？

师8：不是。

师：明白了百分数的意义的请举手！我们一起来找一找百分数的意义，读一遍。

生：（齐读）"表示一个数是另一个数的百分之几的数叫百分数。"

师：我们刚才在讨论的时候，还发现什么问题没有？

生9：百分数里面可以出现小数，而分数里面不能出现小数。

师：他发现百分数里面可以出现小数，而分数里面不能出现小数。这句话对不对？

生：（齐）不对！

师：那么分数里面可不可以出现小数？请举例说明。

生10：$\frac{0.2}{3}$（三分之零点二）。

师：还有什么发现？

生11：百分数的分子和分母有些可以互质，有些还没有互质，但是分数的分子和分母要互质。

师：他说分数的结果要约分，但是百分数的结果是不要约分的。赞同这个观点的请举手！（有部分学生举手，不少学生恍然大悟后举手）同学们，刚才我们通过自学和交流，明确了百分数的意义，知道了百分数的读写、作用和来源。（师边说边将板书的已经讨论出结果的问题后的"？"变成"√"。）

在有限的课堂时空中让课堂教学更有效更高效，是教学理论研究者和教学实践者持续探索的课题。我个人的体会是教师充分运用自身的知识积累、人生经验、专业修养和人格魅力营创良好的教学环境，和谐融洽的课堂氛围，激励学生真正参与到课堂学习中，学生全神贯注于学习、思考与实践，课堂教学才有效，所有的学生倾全力参与，课堂教学才高效。如果学生对你的课毫无兴趣，心思在课外，座位上只是一个"稻草人"，效率何来？上面的教例中，我试图通过全班学生带着问题有目的地自学、同桌交流、小组交流、全班交流（各组推选代表发言），教师以分享、肯定、引导性评价将课堂变成一个强磁场，把全班学生都吸引到学习中来。通过师与生、生与生共同学习，相互学习，体验学习与思考的乐趣，分享学习成果，态度上相互激励，方法上互相帮助。在参与互动中获得充分的自信与成就感，老师和同学始终是每个孩子最信赖的强有力的支持者和帮助者。

学生的参与度决定课堂教学的价值与效率。课堂教学实践中有几点要特别注意：

①要通过有趣的内容、有挑战性的问题、鼓励性的评价、艺术化的手段等让自学、小组合作学习真实有效；②小组交流、全班交流不能总让少数几个学生主导或操控；③要给学生质疑的机会，自由发言的机会，鼓励有创造性的思路或观点；④尽量减少课堂教学中的盲点。缺少教师关注，缺失对课堂教学的真正参与而被教师忽略的，逐渐被边缘化的学生，即是课堂上的盲点。教师应尽最大努力给每个孩子均等的参与机会，对学困生要多一分宽容、多一分耐心，让教室里撒满爱的阳光。

课堂因思维而更有价值

教学片段

（讨论分数和百分数的异同）

师：分数与百分数的异同，刚才有同学提到了，我想根据这个问题，通过下面的练习题来讨论。

（播放PPT）

"下面哪几个分数可以写成百分数来表示？哪几个不能？说说为什么？

（1）一堆苹果重 $\frac{88}{100}$ 吨，卖出了它的 $\frac{66}{100}$；

（2）一匹布长 $\frac{98}{100}$ 米；

（3）成都市猛追湾双语学校35岁以下的青年教师占全校教师人数的 $\frac{75}{100}$。

师：你可以在三道题中选做一题。同桌先讨论一下，讨论完的请站起来！

生1：我认为第一小题的 $\frac{88}{100}$，第二小题的 $\frac{98}{100}$ 不能写成百分数。

师：能不能说说为什么？

生1：因为百分数后面不能带单位。

师：百分数后面为什么不能带单位？（生1说不出为什么）谁知道为什么吗？

生2：如果百分数后面带单位，它就不算是例外的，就不算是百分数。

师：能不能再将这个问题想想？实际上，这个问题是这节课比较难的一个问题。

生3：我觉得百分数表示一个数是另一个数的百分之几，如果它带了单位就不能这样表示了。

师：她是抓住百分数的概念来解答这个问题。百分数表示的是一个数是另一个数的百分之几。它涉及几个数？

生：（齐）两个。

师：它表示的是这两个数之间的什么关系？

生：（齐）倍数关系。

师：要保证这两个数成倍数关系，它后面能不能带单位？

生：（齐）不能。

师：（点击PPT上的分数，闪动指示，并将可以表示的两个变成百分数）百分数和分数之间的联系和区别，现在明白了吗？

生：（齐）明白了。

（讨论百分数在生活中的用处）

师：在生活中见到过百分数吗？见到过的请举手！

生1：我在一条裤子的商标上见到百分数，它上面标有这条裤子含

97.6% 的棉和 2.4% 的腈纶。

师：说说什么意思？

生 1：就是这条裤子含有 97.6% 的棉。

生 2：就是把这条裤子的面料分成 100 份，棉占 97.6 份。

生 3：我是从报纸上找到的："成都饮用水水源的水质是 100% 达标"。

师：我们成都好不好？

生：（齐）好！

生 4：我是从报纸上剪的："1~10 月份成都房地产新开工的项目 388 个，增长 69%"。

生 5：手巾纸上，通常都有这样一句话，"100% 纯天然木浆"，这里就用到了百分数。

……

（拓展提问，开阔思维）

师：学到这里，关于百分数，你们还有问题没有？

生：（齐）没有。

师：没问题就是有问题。请同学们想一想还有没有什么问题？（一生举手）果然有问题了，很好！

生 1：分母是 100 的分数是百分数，我想问一下，有没有千分数和万分数。

师：他想到了千分数和万分数。（向生 1）你自己查到了没有？

生 1：没有。

师：有没有哪个同学查到了？

生 2：有一次，我在数学字典上看到有千分数和万分数。

师：她看到过千分数、万分数，很好！其实，有千分数，也有万分数，同学们下去以后再查查资料。还有什么问题没有？

生 3：我想知道百分数怎样算？

生 4：我想知道，百分数可不可以表示比 100% 更多的，也就是分子比分母的 100 更大的数？

师：她问分子可不可以大于 100？认为可以的举手！你看到过？（举手

的齐说"看到过")

生5：比如说500%。

师：还有没有问题？

生6：分数和百分数是怎样互化的。

生7：百分号为什么要这样写？

师：他问百分数为什么要这样写？哪个同学能回答这个问题？

生8：我觉得百分号的两个圈圈就表示100的两个0，那个斜杠就可把它看成1。

师：同学们还有很多问题，有些是我们在以后的学习中要遇到的，比如百分数怎样和别的数运算、分数和百分数是怎样互化的等，感兴趣的同学可以在课后自己先研究。

数学课堂教学把重心放在教育上，是否意味着削弱学科知识教学？不是。反对知识本位是否意味着不重视基础知识、基本技能？不是。基于育人目的促进人的全面发展的课堂教学强调知识进入头脑的方式，道德的人性化的方式，对话合作探索的方式，自主学习的方式等。强调知识的活化、背景化、教学法化、艺术化，强调知识的整体性、关联性和复杂性，强调寻找知识的方法和综合运用知识的能力。

而这一切都指向一个大家常挂在嘴边的词——思维——学生的独立思考。比如，人性化的教学方式主张尊重学生，而对人的最大尊重就是尊重他的独立思考，自主选择。又如，教学的艺术性其本质就是将先进的理念、科学的思维方法、健康的情感、正确的价值观融入具体的教学方法中，形成更强大的吸影力、教育力和影响力。再如，教学语言不以讲授谈话为主，而主要采用与学生对话的方式，对话则要求学生经独立思考，然后自主自由的表达。

数学教学不仅仅是计算和应用公式。一切数学概念都是现实世界中数量关系和空间形式的本质属性在人脑中的反映，它是一种思维形式。这是数学的实质。因而才有"思维体操"之说。数学教学的重要目的之一，就是让学生掌握一种思维方式，借助数学理解世界，解释世间的种种现象。

上述教例中，体现出思维的逻辑性、思维的对比性、思维的灵活性、思维的条理性、思维的严密性、思维的选择性、思维的联系性、思维的发散性等多维度的思维训练。教师的作用，或在焦点处点拨开阔学生的思路和促进思考的深入，如："能不能说说为什么？""在生活中见到过百分数吗？"或设计一系列的思维冲突让学生质疑、辨析、验证，去进行演绎推理和归纳推理。如"还有什么发现？……赞同这个观点的请举手！"在阶段小结时，我还专门留下几个问题，鼓励感兴趣的同学在课后自己去研究，这是思维的延伸。

思维让知识增值，思维让数学课更有价值。

课堂因文化而厚重

教学片段

师：我们来感受一组百分数。

（出示 PPT）

"请你结合例子中的百分数谈谈你的体会和感受：（1）我国用世界 7% 的耕地养活了占世界 22% 的人口。（2）一个儿童体内所含水分占体重的 80%。（3）目前，全世界每年约有 5.5 万亿立方米的淡水被污染，这相当于全球径流总量的 14% 以上。（4）中国第五次人口普查结果显示：中国新生儿中男孩是女孩的 112%。（5）据统计，1901—2004 年期间，各国获得诺贝尔奖的人数共计 645 人，其中美国占了 42.2%，我国为 0%。"

师：我们从这 5 条信息中选择一条来谈谈。我来采访一下，你准备谈哪条信息？

生1：第一条，我从中感受到，我们长大了一定要计划生育。

师：（微笑）对，要控制我国人口的快速增长。

生2：我选择第三条，从这个数据中，我的体会是：我们应该呼吁加强环保，不要破坏大自然。

师：他讲得好不好？

生：（齐）好！

生3：第 5 条，我感受到我们要好好学习，长大后为祖国争光。

师：我国获诺贝尔奖的人数为 0，她由此想到要好好学习。

生 4：从第四条我感觉到，我国将有 12% 的男孩子可能不能结婚。

………..

（出示 PPT：用百分数破解成语）

（师生互动得出答案）

百发百中——100%；百里挑一——1%；十拿九稳——90%；一知半解——50%；海底捞月——0%。

师：好了，送大家一句话，一起读一下：天才 =99% 的汗水 +1% 的灵感。（爱迪生）

文化是一个内涵博大的概念。《现代汉语词典》定义为人类在社会历史发展过程中所创造的物质财富和精神财富的总和。教育联系着人类的过去、现在和未来，同样内涵丰富。

现代课程观强调整体、综合、联系、多元、开放、和谐等观念是基于现代社会对人的需求提出来的。多元文化的整合，学科间的渗透，甚至学科的合并，统整与综合是课堂教学发展的一个趋势。

因此，我常将学科教学放到一个大的文化背景中，如历史背景，多学科背景、民族文化背景、世界文化背景等。教例中的"感受一组百分数"和结尾处的"用百分数破解成语"的游戏即属此类。

或许有人会问："让孩子们感受我国世界 7% 的耕地养活了占世界 22% 的人口"，"目前，全世界每年约有 5.5 万亿立方米的淡水被污染，这相当于全球经济总量的 14% 以上。"这类大问题，行吗？

我想说的是，别忘了今天的学生有着人类亿万年进化的各种基因，带着先天的遗传密码，拥有电脑加人脑的智慧。他们对一些"大"问题，自有他们独特的视角与观念。如果给小学中高年级小朋友一台电脑必要的资料和一些时间，然后让他们说说"钓鱼岛"，我相信，他们一定会有精彩的儿童化解读。

数学教学中的文化"植入"是一种浸润，是一种融合，是学生认识问题，发展思维的背景，是推开教室的门窗，是智慧之树成长的土壤。同时它自始至终没有脱离"百分数的意义与写法"这个教学主题。

文化，因其巨大的感召力、影响力和教育力，让课堂教学丰富而厚重。

我再列举附小几位语文老师常态课的教学片段。这些教学片段朴实无华，却又别有韵味，体现了"成长新课堂"的一些特色。

课堂因对话而生成

教学片段

（四年级作文评改课（常态课）的片段。内容是写桥的。老师将一位女生写人行天桥的作文投入到屏幕上，与全班同学一起评改）

（评改桥的名称、位置、整体结构等段落略）

师：我们一起小声读一读这一段文字：人行天桥桥面上铺着防滑的大理石砖。左右两侧装有漆成白色的铁护栏，护栏中间装饰着玻璃挡板。不知是谁在档板上乱七八糟地贴着一些小广告和八卦新闻。

大家想想，这段话有需要修改的地方吗？

生1：桥面铺什么材料、左右两侧护栏的颜色、挡板都写到了，说明作者看得非常细致。

师：动笔前仔细观察，才能把天桥的细部具体地写出来。评得不错。请同学们继续讨论。

生2：作者先写桥面，接着写桥面两侧的护栏，再写护栏上的挡板，叙述得很有条理。

师：把作文材料按一定顺序组织起来，既方便自己写，又方便别人读，写得好，也评得好。还有意见吗？

生3：我也走过那座天桥，记得桥面铺的不是防滑大理石，是仿大理石瓷砖。应该改一改。

师：你怎么知道的？

生3：我家有亲戚卖建材，我常去他的铺子里玩，学会认了。

师：原来你是专家呀！看来，老师下次换地板得请你帮忙了。

（同学们笑起来）

师：还有同学路过那座天桥吗？

（同学们纷纷摇头）

师：（问小作者）他（指生 3）说得对吗？

生 4：（作者）我不知道。还得去问问别人，如果确定他说对了我就改。

师：有主见，不盲从，这种学习态度值得肯定，这个问题今天就放一放。

（老师在"大理石"下面画一个问号）

同学们还有不同意见吗？

生 5：这次作文主要写桥，挡板上的小广告、八卦新闻用不着写。

生 6：（紧接着发言）对。应该把"不知是谁在挡板上乱七八糟地贴着一些小广告和八卦新闻"一句删掉。

师：你知道什么叫"八卦新闻"吗？

生 6：电视上常说"明星八卦"，我问过爸爸什么叫明星八卦，他说就是那些瞎编的夸大的不够真实的消息，或者没多大意义的无聊新闻。

师：不懂就问，这种学习态度好。说说这句话为什么要删？

生 6：刚刚修好不久的一座漂亮的人行天桥，被那些内容不健康的小广告、八卦新闻弄成大花脸，影响市容。写它干什么。

师：刚才两位同学提出了新问题。一个认为挡板上的小广告和八卦新闻跟写桥关系不大，这是从作文材料的选择和取舍的角度说的。他们认为写出来没有意义。两人都建议把这句话删去。有不同意见吗？同意删去的请举手。

（多数同学举手）

师：看来还有不同意见，谁来说说？

生 7：可以加上一句批评这种乱贴乱画的行为。

师：怎么批评？

生 7：（想了想）加上一句"这种乱贴乱画的行为太不文明了！"

师：旗帜鲜明，好，还可以怎么改？

生 8：一座美丽的天桥，就这样被糟蹋污染了，真让人心痛。

师：有感而发，融入自己的情感，委婉地批评，更能打动人。（对小作者我想听听作者自己的意见）

生 4：（作者）我写的都是我看到的，是真实的。

师：这种态度对。作文就是要表达自己看到的，亲身经历的和心里想到的。你对在挡板上贴小广告、八卦新闻这件事是什么态度？

生4（作者）坚决反对。清洁工阿姨好不容易清洗掉，过不了多久，又被贴上，很讨厌。

师：很好。写作文要独立思考，表达自己的真情实感。同学们的评改意见，都言之有理。我们以前讨论过，写作文要根据自己想写的主要内容和想表达的思想，对材料进行取舍，对表达主要内容和思想可有可无的材料就应该舍去。另外，对待城市公共建筑物的态度，往往能反映出那座城市居民的道德修养，在人行天桥上乱贴小广告和八卦新闻是一种不文明的行为，作者稍带一句，表明自己的看法，当然可以。至于这个句子删不删、留不留、改不改，就由作者自己决定吧，文章的修改最终是作者自己的事。

（执教老师：电子科大附小四2班　郑运）

这是一段平等、真实、尊重学生独立性、自主性和话语权的对话。特点有三：

其一，平等。儿童有儿童的思想和认识问题的角度，老师认真倾听学生的意见和观点，努力让每个学生表达出内心深处的真实想法，尤其重视不同观点的碰撞与交流，每个孩子在对话中都处于一种平等、放松的状态。

其二，尊重学生的话语权。教师不抢占话题，不随意截断学生的发言，不以成人的思维扭曲学生的思路，不把学生的话控制在预设的轨道上，学生在课堂上处于开放自由的环境中，才有独立思考或自主性表达的对话，否则就是闲谈、问答而形成不了对话。

其三，在对话中，教师的主导性主要体现在：①提供话题；②凸现疑问或冲突点；③方法指导；④以灵活的方式参与对话，强调知识点，进行激励式评价，或将要点归纳将思想提升。如作文要重观察、真实具体；按一定顺序组织材料、对材料恰当的选择、取舍；独立思考、不盲从；表达真情实感；观点要正确鲜明；文章的修改是作者自己的事。这些关于知识、技巧、方法、态度、价值观方面的内容，都是老师在与学生平等对话中表达出来的，而不是讲授、说服和灌输。

对话在课堂教学中价值何在？思想家戴维·伯姆（加）在《论对话》中有如下描述。

在对话中，一个人所说的意思，与别人理解的意思，通常并不一致……一个人可以从别人对他的反应中，发现自己所要表达的与别人理解的不同之处。他进而就有可能在自己的观点和别人的基础上产生新的想法。如此反复进行下去，就不断地会有新的认识与观点出现，并逐渐地得到两个人的公认。在对话当中，每个人都不试图把他所知道的观点、信息强加于人。相反，可以说是两个人共同去认识，并形成新的共识。

对话的价值就在于新思想、新观点的生成，就在于思维的活跃，就在于智慧的增长，就在于不受地位、权威等的限制，而在开放的、平等的、人性化的氛围中自由表述，真诚交流、润物无声地相互滋养与成长。

课堂因转化而成长

教学片段（一）

师：同学们预习了课文，知道了课文主要内容。刚才有同学说，课文先写井底之蛙的快活，请大家默读第一自然段，体会青蛙在浅井中生活的"快活"。

师：同学们默读得很认真，还有不少同学边读边勾画重点词句，很好。谁来读读具体描述青蛙快活的句子。

生1：高兴时，我跃出井外，攀缘栏杆，尽情地蹦跳。疲倦了，我回到井中，躲在井壁窟窿里，安然休息。

师：句子找得很准，能说说哪些词句最能表现青蛙快活的感受和心情吗？

生1：尽情。

师：说说你的感受。

生1：青蛙高兴时可以跃出井外，可以攀栏杆，想跳就跳，累了倦了，又可以跳回井里休息，自由自在、多快活！

师：在生活中，你有过这种感受吗？

生1：有。下课了，我在操场上踢球、跳绳、蹦蹦跳跳，尽情地玩，很快活。

师：很好。从"尽情"这个词中，我们可以感受到青蛙自由自在、无拘无束的快乐。还有吗？

（生1摇摇头）

师：谁有补充的吗？

生2：安然。

师：为什么？

生2：青蛙疲倦了，就躲在井壁的小洞里休息，安稳、放心、没人打扰……

（电子科大附小教师　阳颖　北师大版教材第七册）

教学片段（二）

师：刚才小朋友们通过读小诗、找词语、学生字，认识了豆儿。谁来告诉我们豆儿长什么样。

生1：豆儿圆，豆儿肥。

师：用课文中的句子回答，说对了。能用自己的话说说吗？别着急，先想想再说。

生1：豆儿长得又圆又肥。

师：答得好！不仅用自己的话说出豆儿长什么样，还连用了两个"又"，句子很完整。

　　……

师：这是一群活泼的豆儿，还是一群守纪律的豆儿，是哪句诗告诉我们的？

生2：集合排队动作快。

师：我们什么时候排队？集合排队要注意些什么？

生2：搞活动，上体育课要集合排队。

师：集合排队要——

生2：要注意安全。

师：对，集合排队要动作快，还要注意安全。

（电子科大附小教师　王晓芳　北师大版教材第一册）

教学片段（三）

师：谁来说说上节课我们做了些什么？

生：交流了课前学习的收获，读课文记住了黑孩子罗伯特的故事，品读了课文中的精彩片段和词句。

师：归纳得很全面。这节课我们做两件事，一是针对课文内容和阅读感受提问，通过讨论解答，希望有难住大家的问题出现；二是针对作者写作提问。上节课不少同学说文章很感人，我们就一起来探索藏在文章中的写作秘密。

（学生对这两件事感兴趣，有学生叫好）

师：老师还有"三不"要求：一、不提假问题；二、讨论问题或发表意见不照搬课文中的话；三、不重复同学或老师刚说过的话或表达的观点。

（电子科大附小教师　刘学平　北师大版教材第十一册）

教学片段（四）

师：请同学们望望窗外，把看到的、想到的先交流，再写出来。

（学生观察几分钟）

师：窗外的风景同学们都很熟悉，刚才又看了一遍，印象一定更深。请每位同学集中描述某一种景物，要说得具体，最好能表达出由景物联想到的现象和自己的感受。这就是我们常说的触景生情。谁先说？

生1：我看到窗外的几株银杏树，树冠很大，叶子是扇形的，碧绿的小扇子密密层层挤在一起，被风一吹，不停地晃动，看上去很美丽。

师：树叶的样子，密集的状态，风吹的动态，"很美丽"的感受都说得生动、具体。同学们有不同意见吗？

生2：树叶的颜色不是碧绿的。叶子上面是一层尘土，是灰色的。灰色的银杏叶不美。

师：你观察得很仔细，能说说你看到这样的银杏叶后的感受吗？

生2：夏天的银杏叶本来是碧绿的，秋天的银杏叶是金黄色的，可是由于灰尘污染，银杏叶变得又灰又暗，失去了以前鲜艳的颜色，再也不美了。

师：很好。这就是眼前真实的银杏叶。请同学们接着说。

生3：我看到的是窗外的建筑工地，建筑工地后边是二环路上川流不息的汽车长龙，远处是灰蒙蒙的天空。蓝天白云都被工地上的扬尘、汽车尾气遮挡了，我们生活的城市环境污染太严重了。

师：同学们为保护环境做过些什么吗？

生4：我分类放垃圾。

生5：我参加过学校组织的小小志愿者活动，清扫过街道。

生6：我捐过压岁钱，用于学校植树。

······

学生写短文。

（电子科大附小教师　程静　课堂即兴小作文）

一堂语文课，从教学内容的角度说，总离不开知识系统，思维系统，情感、态度与价值观系统三个方面，从教学根本目的说，一切教学活动都是为了促进学生的转化与成长。知识不转化为学生解决问题的能力，学知识何用？文本体现的和教师启发引导学生感受到、认识到的思维方式、情感态度和价值观不内化为学生自己的智慧再转化发展为外在的行为、个性与创造力，学生的成长又在哪里？

我认为，一个好教师应该从教学过程的诸多细节中促进并感受到学生的转化，听到学生"噌噌"的拔节声。

比如，阳颖老师教《井底之蛙》时，品"尽情"一词的细节，由体会青蛙的感受到谈自己在学校生活中的感受，虽然只有一句话，却明显地反映出学生体会到了井蛙快乐的情感，并能运用"尽情"这个词描述自己的生活。知识与情感在运用中转化了。在第二课时教学中关于"环境影响思想、空间局限眼界、对比分析等思维方式"的引导，关于小空间与大境界、小快乐与大快乐、短目光与大视野、小情调与大胸怀等有关价值观的对话，你能真实地感受到孩子们的成长。

王晓芳老师以"豆儿长什么样"为题，与孩子对话时由学课文的诗句到孩子用课文诗句答问，再到用自己的话表达，实现了知识向能力的一次转化；在指导学生学习"集合排队动作快"一句时，联系学生生活，无痕地渗透了纪律意识、安全意识的培育。

刘学平老师的"三不"要求，其意义就在于促进学生知识的转化，思维方式的转化，让学生站在自己的立场学习选择并表达自己对事物的认识与判断。

程静老师的小作文练习很有创意。真实的情境、真情实感的表达、真实的讨论、环境污染与孩子们保护环境的实际行动，让我们真真切切地看到了学生观察、表达、分析思考能力，审美能力和正确的价值观（关爱环境，参与环保行动）的转化与成长。

一个小细节，带来一次小转化，持续的小细节，众多的小细节促进学生大发展大成长。

"走班制"教学

"人的本性是千差万别的，不可能用一个模子来塑造，用一把尺子去衡量。著名的教育家陶行知曾经说过'培养教育人和种花木一样，首先要认识花木的特点，区别不同情况施肥，给以浇水和培养教育，这叫做因材施教。'刚才我们看到的成都市的这所小学校，其实就是因材施教。它所传递的是一种理念，是对学生个性的尊重，是对教育规律的尊重，而这一点正是教育成功的前提。"这是 2011 年中央电视台《晚间新闻》栏目播报电子科大附小"走班制"教学新闻时的短评。正如短评所言，"走班制"贯彻了国家课程改革的精神，体现了学校的办学理念。

"走班制"教学的主要特色：

（1）"因材施教"凝聚着古代教育家的大智慧。如何按照新的时代，新的课程标准的要求，在更高的层次上对这一传统观念有所继承，有所创新，有所发展？"走班制"教学就是一种尝试。

（2）任何一个学生都拥有人类亿万年进化的各种基因，带着先天的遗传密码，尊重学生先天的遗传素质，尊重学生的自主性和独立性，尊重学生个性，尊重学生差异，也就是对教育规律的尊重。"走班制"教学有效地克服了大班教学重共性、重统一、重标准化的弊端，学生自主选择课程，自主选择教师，激活了学生潜质，促进了个性化发展。

（3）呵护儿童的好奇心，激发儿童的兴趣爱好，培育儿童的特长是现代教育的重要特点之一，"走班制"教学放手让学生进入课程超市，按自己的特长选课，吸取自己成长所需的营养。

（4）国家课程、地方课程、校本课程如何在教学实践中合理搭配、协调统一，考验着校长的智慧。且不说内容，仅时空分配就是一个难解的方程。实践证明，"走班制"是解决问题的好办法。国家课程（基础性课程）是学校核心课程，一般按常规定班上课，地区课程和校本课程（选择性课程、综合性课程）一般实行"走班制"教学。这样，既保证了国家对小学教育水准的基本要求，又极大地丰富了课程内容，凸显了学校课程的特色。

（5）"走班制"打破了班级、年级的界限，扩大了学生的交往半径，接受知识结构不同、教学风格迥异的老师的熏陶感染，有利于知识背景的丰富与扩展，有利于综合素质的提升。教师走班上课，其专业特长、兴趣爱好契合所教课程，既有利于专业发展又使每堂课更有质量。

（6）素质教育的口号已喊了若干年。如何践行，却步履蹒跚。附小的课程体系丰富了素质教育内容，"走班制"又从教学机制上保障了素质教育的实施。

对于附小的"走班制"，从中央到地方，多家媒体进行报道，有兴趣的读者可参考本书附录部分列出的相关报道。

新三段模式

根据附小"一校三区"的区位特点(校区之间骑自行车三分钟即可到达),探索小学分段分校区办学模式。第一校区全部为小学一年级学生,一校区特色:

(1)校园相对安静,布局小巧,是一年级小朋友较为理想的学习和生活环境。

(2)学校正逐步对校园进行改造,使校园文化氛围和硬件设施更适合低年级学生学习的需要,成为充满童趣、撒满阳光的低年级小朋友的乐园。比如,班级除配置多媒体、网络外,每个教室都有学习玩具区、成果展示区;校区有专门的低幼读物阅览室、音乐教室、室内体能训练馆、体验与展示厅、创意活动室;室外有充满童趣的文化墙,儿童运动场,走廊、楼阁、墙角的儿童养殖区等,让一年级学生在一个科学化、现代化、人文化的环境中快乐地学习,幸福地生活,健康地成长。

(3)校区课程、时间安排充分体现一年级学生的身心特点。如:每天推迟20分钟上学,提前10分钟放学;实行长短课结合教学课式,长课35分钟,短课30分钟;每周分别增加1节体育健美课、音乐舞蹈课、故事阅读课、美术绘画课;每天上午安排50分钟大课间;每位老师都要通过严格的岗前选拔培训与专家考核才能任教。"每个学生在校内的感觉将由原来的'小朋友'变为学校的小主人,大课间做操可站在操场的正中间,课间活动也不用担心大哥哥大姐姐的影响。"

(4)这个校区的教育研究,重点放在小学低年级学生的习惯培育、课程与教学改革、幼小衔接方面。

第二校区为小学二至五年级学生,教育研究的重点是逐步建立并完善电子科大附小的教育价值体系、办学理念体系、课程体系;进一步探索并完善走班制教学。

第三校区全部为六年级学生，重点研究小学与初中的衔接问题。这个校区学生的学习有三个特点：

（1）突出学习能力，特别是自学能力的培养。六年级上学期每周有一节课的自学时间，下学期每天安排一节自学时间。

（2）校区设有四间自学教室，除小学自学材料、书籍外，还有初中一、二年级文、理科及阅读资料，让大多数学生浏览一下中学课本，让部分学生超前学习。

（3）请初中学生到校与毕业班学生交流，让小学毕业班学生到初中班观摩，请中学老师给毕业班小学生上课，让六年级学生了解中学生学习方式与学校生活情况，真正实现小学初中无缝衔接。

小学奠基工程，我们既要为孩子们的今天负责，更要为孩子们的明天打牢基础，为上一级学校输送高质量的有持续发展潜力的优秀学生。

第八章

学校与社会

★ 1. 学校发展所需的正能量从哪里来?

★ 2. 什么是"家校共育"观?

★ 3. 家校共育需要建立哪些制度?

"社会产生学校，学校又产生社会。"（埃德加·莫兰）办学是为了服务社会，为了社会的进步，办学又必须依靠社会的力量。这是我产生办"大教育"的思想基础。前文中已提到过，我试着把学校分为三个圈层，构成圈层的各种因素纵横交错，相互联系，相互制约，互为存在和发展的条件。校长必须具有办大教育的气魄和能力才能统筹各种教育资源，使各圈层关系协调，形成合力，释放出巨大的正能量。这就是我们的开放的大教育观。

智 力 支 持

从原成都市猛追湾双语学校校长到电子科技大学附属实验小学校长，一路走来，我始终注重从多种渠道寻求智力支持。除要求教师阅读国内外教育名著、请教育专家组成智囊团外，还广泛邀请国内外、省内外不同领域的专家学者到学校作报告，与学校领导班子和老师们对话，定期探究学校发展的思路，解决教育教学领域的新问题。在双语学校期间曾邀请哈佛大学硕士，SM 广场设计总裁以学者、企业家和学生家长三重身份给老师作了关于"美式教育与中式教育的差异"、"企业选择人才与学校培养人才"、"家长希望子女受何种教育"的专题报告。我们还邀请华东师范大学博导、中国健康普查中心主任、四川师范大学心理学教授、武警指挥学院安全学院院长、省政府督学等专家学者到学校讲学，请师范院校教学法教授与老师们交流、研讨，听课评课。通过教育专家说教育，中外比较说教育，跳出教育说教育，各行各业说教育等方式为老师搭建了与强者对话的平台，同时，组织学校行政人员和教师参观考察了国内许多一流学校和一流企业，如绵阳东辰国际学校、上海实验中学、华东师大附中、武昌实验中学、长虹集团、沱牌集团等。东辰学校那掷地有声的铿锵誓言——培养具有中国灵魂和世界眼光的现代人；沱牌集团由 7 人小作坊发展为有 5000 多名员工的企业集团的创业历程；世界 500 强长虹集团"创新领先、速度制胜"的八字方针……都给老师们留下深刻印象，内心世界受到强烈的震撼。

到附小后，随着人生阅历的丰富和经验的积累，自己对教育的理解更深入一些，领导艺术也更成熟了些，视野也更为开阔些，寻求智力支持的力度也更大。前教育部部长周济，中科院院士林为干，北师大教授顾明远，教材专家陈铮、谈文玉，学校校友、世界网球冠军晏紫等到学校调研、现场指导或作学术报告，校际交流则由国内延伸到国际。寻求广泛的智力支持，让老师真真切切地感受到强者的风采并在一次次观念的碰撞与心灵自省中更新观念，提升理论水平，强化创业意识，不断地自我超越，不断地拓宽视野，不断地解放思想，不断地推动学校合着时代的节拍前行。

社区与校际支持

我一直认为，电子科大附小能有今天的发展，离开了各级教育行政部门、教育科研部门、电子科技大学、街道、企业的支持，离开了社区众多家庭的信任与支持，将是不可思议的事。学校重大改革项目的践行，师资力量的配置，校区的拓展，各种教学设施的购置与更新，甚至具体到一张乒乓球桌、一株大树、一盆花草，背后都有社区、企业家、家长无数双无形的手在强力地支撑着。

除社区支持外，电子科大附小还与国内外几十所学校有互访交流活动，与国外四所学校结成友好学校。

每所学校都有自己的教育价值观、学校精神和办学特色。校际交流是一种文化分享，是一种思想碰撞，是一种理念的升华，是一种方法借鉴，同时又是问题的探讨，思路的启迪，相互的支持。在国际交流中更是东西方文化的相互学习借鉴与融合，有利于中国的小学校走出国门，面向世界。

我们在输出附小的办学理念与经验的同时，我们又在博采众长，学习国内外优秀学校的先进思想与方法丰富自己，充实自己，提升自己。我们送出去的是一支玫瑰，迎来的却是万紫千红。

媒体的支持

我尊重媒体，与多家媒体保持着良好的关系。记者、编辑大都学养丰厚，知识结构独特，视域开阔，信息渠道多元，眼光敏锐，善于独立思考，与媒体朋友打交道，不仅给他们提供信息，同时又从他们那里获得新信息、新思想甚至会得到不少建设性的意见。近年来，从中央到地方，电视台、广播电台、杂志、网络关于电子科大附小的报告文学、长篇通讯、新闻、评论、消息等达数百篇（条）。

获得媒体支持的六大体会：

（1）宣传了学校的教育理念、办学特色，并与同行分享成功的办学经验。

（2）提高了学校的知名度、名誉度和社会影响力。

（3）增强学校师生的成就感和集体荣誉感。

（4）为全校教师搭建展示教研成果的平台。

（5）在学校与社会间建构更多的通道，扩大了学校的交往半径和生存空间。

（6）自觉接受媒体监督，可增强学校领导团队的自我反省意识、忧患意识，让学校前进的方向更明，步伐更稳。

教育专家、多门学科领域的专家学者、不同行业的企业家或顶级精英人物的智慧滋养着附小人；各级教育行政部门、电子科技大学、新闻媒体、科研机构、社区、街办、家庭，从政策导向，舆论引导，人力物力诸方面给附小强有力的支持。

学校原本就是一个没有明显边界的开放的大系统，今天的附小燃烧着激情，充满着创新与活力，靠的就是社会各方源源不断地输送着巨大的正能量；靠的就是社会大系统形成合力推动着学校持续发展。

家 庭 支 持

我在谈自己理想的学校时，讲过三点，其中第三点就是"让家长幸福成长"。

为什么把家庭教育看得如此重要，为什么把学校教育延伸到家庭、甚至与家长的幸福成长联系起来？

这是因为中国自独生子女家庭的出现，国家的人口形态和家庭结构发生了很大的改变。30 年来，随着改革开放的深入，随着城市化进程的加快，许多年轻的独生子女家庭经历着震荡与躁动，几世同堂的大家庭少了，独生子女家庭多了，单亲家庭多了，隔代教养的家庭多了，由农村进入城市的家庭多了，甚至国际化的家庭（父或母在国外工作或一家人多个国籍）也不少。

与几十年前相比，学生生活环境也发生了巨大的变化。兄弟姐妹没有了，大院落式的邻里乡亲大小玩伴少了，孩子居住在箱格化的相互隔离的高楼中，甚至连邻居都不认识，单调、枯燥、孤独、郁闷，没有玩伴，少有朋友，由电梯公寓中的"小笼子"到学校的教室，再由教室回到"小笼子"的循环，成了许多孩子生活的常态。

家庭形态的多样性，学生生存环境的特殊性，使学校教育和家庭教育更为复杂化，我们面对的难题也更多了。

一个孩子面对六个至亲，被无边的泛滥的爱包围，让孩子无法"断奶"者有之。

父母为房子、车子、位子、票子而奔忙、应酬，无暇顾及孩子，任由其生长者有之。

自己花天酒地，百般放纵，却苛求孩子天天向上者有之。

因家教知识缺失或理念陈旧、方法不当，使父母陷入与孩子的"战争"中而不能自拔者有之。

父母遭遇情感危机，孩子成了有父母的"孤儿"者有之……

孩子与父母血脉相承，情感相连。在中国人的传统文化中孩子是家族的未来，是家庭传承与代际改善的希望。总之，孩子是家庭的重中之重，可以这么说，有多少问题儿童，就有多少烦恼家庭或问题家庭。同样，有多少优秀儿童就有多少幸福家庭、和谐家庭。

明智的父母就应该以最严肃最真诚的态度参与到儿童教育中，成为孩子的朋友，成为孩子的支持者和引导者，与孩子共享成功的欢乐，分担成长的困惑或烦恼，伴随着孩子一起成长。只要家长真正进入孩子的学习领域、生活领域，将会发现自己不仅仅家教知识丰富了，家教观念改变了，还会涉及不少超越自己专业知识的广阔领域。家长会从一个幼小、脆弱但生机勃勃顽强向上的生命中感悟许多，收获很多，提升很多。年轻的家长们，有什么理由不同孩子一起幸福成长呢？

父母是孩子的第一任老师，也是终身的老师；家庭是人生的第一课堂，也是终身的课堂。相对说来，学校主要承担的是学生智能方面的责任，而家庭则承担着学生素质方面的责任。

纵观古今中外在政治、军事、科技等领域的风流人物和千千万万优秀的普通公民，他们的成长和成才无一不打上家庭教育的烙印。因为人习惯的养成、价值观的建立、智慧和才能的发展、心灵的丰富、人性的涵养、生活目标的选择、社会角色意识的培养等，受影响最大的往往是父母和家庭教育。谁也不会否认，在人类从野蛮走向文明的进程中，家庭教育是光、是火、是桥、是船，只要构成人类社会的细胞——家庭存在，家庭教育就是亘古的话题。由于家庭教育的巨大功能，确定了它同学校教育、社会教育"三足鼎立"的重要地位。

我国家教传统资源丰富，家教渊源可以上溯到三千七百年前，可谓源远流长。魏晋的《颜氏家训》、唐代的《太公家教》、宋代的《家范》等堪称其中的经典。到了清代，家教论著更是多达六十余种。孟母三迁、陆游示儿、岳母刺字等典故成为千古绝唱。

当代中国，有两亿多个家庭，改革的时代大潮使家庭细胞更加活跃，更加璀璨多姿，更为复杂多元，这对家庭教育提出了更高的要求。

学生的成长有赖于学校与家庭的双轮驱动，缺一不可，正如苏霍姆林斯基所言，"如果没有整个社会，首先是家庭的高度教育素养，那么，不管教师作出多大的努力，都收到圆满的教育效果"。我对此有着清醒而又较深刻的认识，因而始终把研究新时代家教理论、争取家长的支持、提高家长的教育水平、实现家校共育，作为办好学校的重要一环。电子科大附小对家庭教育的解读体现在三个观念，十项制度中。

家校共育观念

教师要重视家庭教育，要懂得家庭教育的理论和方法，要帮助家长了解学校的办学理念，引导家长采用正确、合适的家庭教育方式；家长则要有"家长"的角色意识和为人父母的责任感，现代家庭的家庭教育也必须适应现代社会的发展，更新家庭观念，走家校互动共育，促进学生健康成长之路。正如珍妮·H·巴兰坦等在其著作《教育社会学：系统的分析》中所指出的那样，"学生在学校获得成功的原因中最为重要的因素之一是家长对子女教育进程的参与程度……影响学生成绩的家庭因素包括家庭的社会阶层，早期家庭环境，家长教育子女的风格，母亲——子女互动的类型，母亲工作的影响，家长对学校决策与学校活动的参与度，家庭与学生的期望……"

每有新生入学我总会带头给年轻的父母们讲课，不厌其烦地提醒他们，要当好孩子的第一任老师，要上好孩子人生的第一堂课。在我的家庭教育讲座提纲中，有下列题目：

家庭教育是父母的必修课
幼小衔接家长做什么
读懂你的孩子
让孩子适应小学生活

家校共育的一致性

家庭教育也要因材施教

儿童习惯的培养

儿童情感的培养

儿童心理与家教方式

身教与言传

家教中的严与爱

家长如何看待孩子的成绩

中外家教的比较

家教误区

......

每一个题目都与学校的教育观念或教研课题相对应。家校共育旨在达成以下四个目标：

（1）通过家校互动，让家长参与学校教育活动，从而更加理解学校、理解教师，学校与家长之间形成育人伙伴关系。由理解到参与到合作共育，良性互动，形成教育合力。

（2）通过培训、交流、家校互访逐步让家长成为家庭教育的行家。

（3）因家教需要，促进家庭学习，提升家庭文化品位，培育学习型家庭，给学生营造良好的家庭成长环境。

（4）让家长对学校享有知情权、管理权、建议权和监督权，使学校有了众多的办学顾问、质量督学和各种资源支持者和志愿者。

健康的家教观

现代社会，学生家长的文化水准指导一个小学生的学习大多是胜任的，缺失的是先进、健康的家庭教育观念，观念的落后甚至愚昧则导致家教走入误区。附小的家长培训，重点是帮助家长树立健康的家教观。举例如下：

（1）培养孩子良好的习惯是家庭教育的第一要务。其重要性我们在本书中已有论述，电子科大附小家校共育制度第一个就是"家校共育好习惯"。儿童时期形成的好习惯将受益终身，儿童时期形成的坏习惯也最不容易改变。培根说："习惯如果是在幼年就起始的，那就是最完美的习惯……教育其实是一种从早年起始的习惯。"

（2）家庭应该为孩子创造丰富的精神生活。父母注重孩子的物质生活这是必须的，但如果忽略孩子的精神生活，孩子从小就生活在精神空虚、贫乏的家庭氛围中，问题就严重了。

儿童的可塑性较强，任何进入心灵的事物都容易留下较强的印象，特别容易受到父母言行的影响。英国学者塞缪尔·斯迈尔斯说："第一次在孩子生活中出现的事情必将影响其一生。第一次喜悦，第一次悲伤，第一次成功，第一次失败，第一次辉煌，第一次灾难，所有的这些第一次构成了他这一生的生活背景。"这就要求凡对子女负责的父母说话时语言必须规范，讲究礼仪，没有不良语言习惯，因为孩子长期浸润在家庭语言环境中，"近朱者赤，近墨者黑"在所难免。父母给孩子讲的故事，传授的知识应当是健康有益的，而不是无价值、无品位、格调低下的东西。如果让儿童经常接受一些废话、愚蠢粗鲁的话，他们的头脑就会成为堆满语言垃圾的场所。健康的精神生活是儿童自身成长的迫切需要，又是家庭教育至关重要的内容。比如，给孩子推荐适合他们阅读的书籍，欣赏内容健康向上的音乐、美术、电影作品，尊重他们与生俱来的创造精神，呵护他们纯洁敏感的心灵等。儿童时期拥有健康丰富的精神生活，将是他们一生快乐幸福的源泉。

（3）尊重孩子，平等地对待孩子，是为人父母的一种美德。孩子从来到世间的那一刻起，父母就应该把他当做一个血肉丰满、有思想、有情感、有尊严、有多种需求的"人"来平等对待，哪怕是他的一声啼哭也是欲求的表达。父母要尊重孩子的人格，真诚地对待他们的意见和要求，不欺骗、不轻视、不敷衍、不虚伪，信守对孩子的承诺。父母以高尚的品质和人格才能培育出孩子高尚的品质和人格，这与"种瓜得瓜，种豆得豆"同理。因为"父亲和母亲的一切生活，一举一动，都是儿女的榜样，也是父母与儿女之间相互关爱的基础，这就是向往真理，却不倾向于一己的境界"（别林斯基）。

（4）呵护孩子的兴趣和好奇心。兴趣是儿童成长和探索未知的内驱力，是发展的后劲，是最好的导师；好奇心是儿童追求知识，了解世界的欲望。家长应小心翼翼地呵护孩子的兴趣和好奇心，耐心地回答他们的一切问题，参与并帮助他们乐意开展的活动，与孩子一起成长。

（5）爱孩子是父母的本能，但仅有本能之爱是不够的。"单单爱孩子，母鸡也会这样做。可是善于教育他们，却是一件伟大的事业，必须具有相当的才能，必须具备广博的生活知识，必须谨慎从事，因为这是一种艺术。稍有不慎，就会窒息儿童的求知欲。"（高尔基）太温柔的母爱容易使男孩"太早懂得强烈的狂热"；太娇养的母爱让儿童生活在童话般虚幻的世界中，"不懂得人生和社会自有他们的无可动摇的铁律"，缺乏开辟自己的人生之路的勇气、耐性和毅力。理性的爱则是动之以情，晓之以理，让孩子既得到神圣的母爱，又受到温良的教诲，生活得积极，生活得阳光。

（6）抓住儿童发展的敏感期和关键性节点，对孩子的成长及一生的发展有着深远的影响。儿童的身心发展存在其自身的规律，比如，研究表明婴儿"在妈妈肚子里的最后一个月，就已经能够感知外界了，这时候，妈妈的心理情绪就决定了孩子以后的情绪发展"。"当孩子 2.5 岁到 3 岁时，脑重达到 900 到 1000 克，约等于成人脑重的三分之二"，是儿童语言发展的敏感期，是人的性格形成的关键期。3 到 6 岁是儿童心智、思维发展、自我意识逐步形成的重要时段。心理学家胡邓博士认为，0 至 1 岁是一个人安全感的形成期，完全取决于孩子和妈妈的关系；2 至 5 岁是人基本行为价值观的形成期，则需要父母用规矩矫正孩子。虽然孩子在不同年龄分别有保姆、幼儿园老师、小学老师等履行着部分教育责任，但与孩子朝夕相处、接触最密切的仍然是家长，家庭是重视教育的第一线，家长能了解儿童身心发展的特点，抓住敏感期，进行适合的家庭教育，对儿童的语言、思维、习惯、性格等的培养与发展的作用是巨大的。反之，如果从小养成某些不良习惯，后期弥补是非常困难的。

让我们重温苏霍姆林斯基的忠告："如果儿童在 2 到 3 岁时，没有通过他最熟悉、最亲近的人——母亲——在这一年龄儿童可接受的范围内认识整个人类世界，如果他不曾从或亲自从母亲目光中感受到那温柔、关怀、不安和充满智慧的神情，不曾从亲人话语中听出细腻而充满情绪色彩的声调——他的智力生活就不会像在正常的母亲养育下那样，得以正常发展。"

理性的成绩观

教育家说：教育通向智慧。

一些家长认为：教育通向体面的职业，通向权力和金钱。

由于我国城乡、区域、职业、不同阶层收入差距偏大，通过教育改变家庭命运，通过高考成绩实现从相对贫困阶层向富裕阶层流动的目标，成了众多家庭唯一途径，或者说主要的最有效的途径。因此，为了孩子的学习成绩，为了上名校，倾全家财力择校者有之，辞掉工作者有之，贷款花高价在名校旁购房租房者有之，不惜以牺牲孩子健康为代价请家教校外加班加点者有之。

因此，学校面对的是多重培养目标的现实：国家目标——培养具有国际竞争力的精英人才和全面发展的高素质的国家公民；普通家庭目标——追求应试成绩，上好的大学，获得一份体面的职业；学生个人目标——依照个人兴趣、理想的不同而五彩缤纷。

国家目标，这是学校使命；家庭目标，这是学校服务对象的诉求，忽视它则会生源枯竭，学校出现生存危机；学生目标，这是人性使然，理想的教育不就是让学生自主选择成为他自己吗！

在夹缝中生存的学校，要做出选择是困难的。两难选择就够难了，何况是三难！

不同学校有不同的应对之策，我坚信，孩子们有了强健的体魄、良好的习惯、健全的人格、丰富的情感、活跃的思维、全面发展的素质，也一定有良好的学生成绩；我更坚信，通过课程教学的改革，每堂课在有限的时空实现教育价值最大化，学生既能乐学又能苦学，学业成绩必然有较大提升。当然，这有一个重要的前提，即管理部门的教育评价机制及考试方法也应遵循两个纲要的精神进行改革，这既是对学校改革方向的引导，又是对扎扎实实推进现代化学校制度建设的学校的鼓励和支持。

基于上述认识，电子科大附小在与家长沟通过程中不说空话套话，敢于直面现实，换位思考（教师本身也是家长），理解家长关于教育质量的诉求，家庭追求代际改善，期盼后辈凭借优异的学业成绩向社会上层流动，这原本就是社会发展的推动力量，无可厚非。同时要引导家长树立正确的质量观，在科技迅猛发展、现代化不断推进的时代，那种拼时间死读书拿高分远远已不能适应社会发展的需要。家长要理性看待孩子的学业成绩。让家长认识到人品比成绩更重要，健康比分数更重要；要承认人的差异，学生之间成绩的差异，是客观存在的。家庭背景，父母的文化素养，孩子的身体条件、智商、情商千差万别，造成重重差异既有先天遗传的因素，又有后天环境、教育等因素的影响，帮助家长树立多元人才观，对孩子进行正确的理想教育。家庭教育目标的确定要客观、实际，要考虑孩子的需要，不攀比、不盲目拔高，家庭教育也要因材施教。"最好的家庭教育就是父母帮助孩子成为他自己。如果仅仅让孩子符合父母的期待，而忽略孩子自主的选择，结果很可能适得其反。"（孟迁）

家长还必须明白学习的途径有两条：一条是学校内部的途径，一条是学校外部（家庭、社会）的途径。家长不仅要关注内部途径，更要重视外部途径的学习指导，外部途径的学习，老师就是家长。比如怎样利用家庭藏书、书店、文化馆、图书馆、博物馆等进行学习，社区的风土人情、社会实践活动、各行各业的影响是学习；还有旅行、各式各样校外文体活动，形形色色的社交活动也是学习。家长要教方法，指导学生选择、分析、欣赏、批判和评论。当然，学习不是仅仅局限于文化知识方面的，而是关于学生的社会化成长的方方面面的素养和能力。如果家长在子女校外学习方面有所松懈或不负责任，将会极大地影响孩子的学业成绩和全面发展。

"家校共育好习惯"十项制度

根据观念建立制度，制度保障观念变成常态化的行为。电子科大附小经过多年探索，逐渐建立起一系列家校互动共育制度：

一、"家校共育好习惯"制度

一年级新生入学时，学校会发给每个家庭一张精美的卡片，上面印着由学校制定的学校家庭共同培育学生好习惯的若干要求，这些要求没有空洞的概念，没有大话、空话、套话，每个条款都朴实、具体、详细、可操作性强。

下面是第二代家校共育好习惯卡片的内容。

正面：

电子科技大学附属实验小学家校共育好习惯

1. 懂得并使用对家庭成员、亲朋好友及邻居等的尊称。

2. 与人交往时，使用"你好""谢谢""再见""对不起"成为一种习惯。

3. 按时吃饭，不偏食，不挑食，不暴饮暴食，不浪费；学会分辨食物的优劣，会挑选适合自己食用的安全、卫生、营养的食品；懂得就餐礼仪。

4. 独立完成家庭作业，不依赖别人；每天阅读课外书的时间不得少于20分钟；主动与家长交流在学校学习、生活中的问题、收获及各种想法。

5. 正确辨认硬币和纸币；购物时知道选择商品，比较价格；知道如何管理自己的零花钱，懂得节省和计划开支。

6. 每天做好自己的个人卫生，自己整理好自己的房间；把阅读过的书籍和使用过的用具放回原来的地方；自己清洗毛巾、袜子、书包等生活用品；学习做家务并分担部分家务，自己处理自己的事情。

7. 在老师或家长指导下自己制定家庭作息时间表、家庭体育活动和社会活动计划，并严格执行。

8. 在家里或在公共场所注意礼貌，遵守规则，注重个人安全，保持环境卫生。

背面：

育儿歌

挑剔中成长的孩子学会苛刻；

敌意中成长的孩子学会争斗；

讥笑中成长的孩子学会羞怯；

羞辱中成长的孩子学会自疚；

宽容中成长的孩子学会忍让；

鼓励中成长的孩子学会自信；

称赞中成长的孩子学会欣赏；

公平中成长的孩子学会正直；

支持中成长的孩子学会信任；

赞成中成长的孩子学会自爱；

友爱中成长的孩子能感受到关怀。

（注：这是欧美一些国家流行的育儿歌）

二、"新生入学通知书"制度

新生入学前，一年级所有的班主任、任课老师都会对即将入学的一年级学生进行家访，初步了解孩子的家庭、性格、爱好等，并将一份精美的《新生入学通知书》送到孩子手中。通知书承载着四层意义：其一，表达老师对学生的尊重与欢迎，这是建立和谐师生关系的第一步；其二，使学生通过通知书美丽的图片对学校产生美好的第一印象；其三，拿到通知书孩子会觉得自己长大了，是一名小学生了，自豪感会油然而生；其四，对于一个孩子，这是他人生中的一件大事，一次角色的转变，一段美好的回忆，一份值得珍藏的"成长档案"。

三、"家长教育培训"制度

"家长好好学习，孩子天天向上。"这是我常提到的一个观点。

电子科大附小定期分年级分阶段举办家长培训会，其中一年级新生家长培训时间为 3 天，放在新生入学前进行，旨在传递家庭教育新观念，新方法，更新家长的教育观念，提升家长教育子女的能力并有针对性地探讨一些家庭教育难题。如独生子女教育问题，单亲家庭、重组家庭子女的家庭教育问题等。

四、"家校恳谈会"制度

学校不定期举行家校恳谈会，旨在与各年级家长代表介绍孩子在学校学习生活的情况和学校教育教学的一些新举措，听取意见和建议。下面是《成都日报》记者关于学校家校恳谈会实况的一则报道：

为了创设更好的育人环境，交流学习科学育人的方法，电子科大附小于 6 月 25 日下午 2:30 举行了主题为"我们心连心·我们共成长"的家校恳谈会。恳谈会上，家长通过校园电视台收看了学校本学期工作汇报，一起分享了孩子们在这一学期中所取得的成绩，共同关注孩子们的成长。接着，学校党支部书记、校长康永邦代表全校教职工讲话，他将学校"新学堂"建设的四个创新与家长进行了交流：创新办学理念，"动起来，让每个生命都精彩"；创新课程设置，让每个孩子的个性得以发展；创新管理机制，提出管理重心下移，人人都是小干部；优化硬件设施。他建议家长做好三个关注：关注健康与快乐，关注理想和兴趣，关注方法和习惯。最后，各班通过分班交流，与家长共同分享了本学期孩子成长的经历。

此次家长会在和谐融洽的气氛中圆满结束，会议使家长和校方增进了了解，为学生的成长进步提供了有力的保障。

家校恳谈会是强化家校合作，融洽家校关系，增进家校互信的平台；是家校沟通、交流、消解矛盾、达成共识的平台。

五、"家长颁奖"制度

寒暑假学生有较长的时间在家里生活，我在"假期家庭教育专题讲座"上要求家长不要给学生追加家庭作业，多带孩子参加健康有益的体育与社会活动，多阅读课外书籍，不少家长平时只注意在物质方面满足孩子，但如果长期缺乏精神交流就会和孩子越来越陌生。今天的孩子接受信息的渠道多元，家长要关注孩子的健康与情感、兴趣与理想、方法与习惯，增加亲子互动，培养亲情，为孩子提供体验生活、参与社会实践的机会。我要求家长在假期结束后，根据孩子某方面的突出表现给他们颁发一张奖状，如阅读奖、锻炼奖、孝敬家长奖、热心助人奖、参加公益活动奖、家务劳动奖……开学时每个孩子都要带着家长亲笔签名的奖状到学校报到。自此，"家长颁奖"逐渐形成一种制度。

六、"短信互动"制度

学校办公室、德育处、班主任坚持随时通过家校互动网络发送短信，内容包括：家校提示、儿童健康常识、家庭卫生、生活管理、饮食习惯、育儿经等。此外，电话、电子邮件、微博留言、班级 QQ 群等也是常用的互动方式，学校要求家校互动要遵循"尊重"、"平等"、"真诚"、"信任"八字原则。不少家长在教育子女方面有很多独到的见解和行之有效的方法，学校便利用互动信息平台在家长中传播，或利用恳谈会、小报、家教讲座进行交流。

七、"家长开放日"制度

学校在"家长开放日"邀请家长进教室听课；进学校餐厅了解学生菜谱，参观菜品制作；与孩子一起参加大课间体育活动；同台进行文艺节目表演；一起"走班"体验课程超市。还有不定期的主题家校互动活动，如"百名教师进千家"、"千名家长进校园"、"家长大讲堂"等，通过形式多样的家校互动方式让家长深度参与学校教育教学活动，同时也让家长更有针对性地进行家庭教育，提升家庭教育水平。

八、"家长委员会"制度

这是附小建立较早的一项制度。家长委员会由热心公益事业，关心学校发展，有见地、敢直言，各方面有代表性的家长组成。家长委员会主要职责是：听取学校领导阶段性工作汇报；对学校发展规划及教育教学重大举措提出意见和建议；转达家长对学校工作的意见；为学校发展过程中遇到的难题献言献策寻求解决之道。多年的实践证明，这是民主办学、开放办学、家校共建共管办学的一个好制度。

九、"家校电话互访记录"制度

我们学校特别重视家校互访，先后开展了"一线情牵千万家（电话家访）"、"千条建议进学堂"系列活动，同时有专人记录家校互访，特别是家长通过电话提出的意见、建议、要求，反映的各种情况，提供的各种信息，都作详细记录，并迅速反馈给相关部门或人员及时处理，以增强家校沟通、理解、互信、互助，消解矛盾，达成共识，形成合力。

十、"家长资格证"制度

这是电子科大附小家庭教育改革的尝试。大家都知道父母是孩子的第一任老师，现实却是许多年轻人初为人父人母时却准备不足，缺乏基本的育儿知识，更不懂幼儿发育规律、儿童心理与儿童教育，往往错过儿童成长的"敏感期"和关键节点，甚至会因方法不当造成终身遗憾。根据现实教育状况的需要，借鉴国外对"准父母"提前培训的经验，结合全国妇联、教育部、民政部等7部委员颁发的我国第一份《全国家庭教育指导大纲》精神，家庭教育并非无师自通，要让孩子接受良好的家庭教育，家长首先要接受培训，学习家庭教育知识。为使家教培训不流于形式，我们有计划、成系统地进行，务求在时间上、学习质量上收到实际效果。学校从一年级新生家长中试行家长资格认证制度。定期组织家长集中学习并考试，合格者领取证书，不合格的家长进行再学习和补考。但合格的家长仍要定期上课，每学年进行年审。目前上课内容以《全国家庭教育指导大纲》为蓝本，以后还将根据实际操作积累的经验，开发家庭教育的校本课程。

这项制度在社会上引起强烈反响，虽然争议颇多，但更多的是理解与支持。《成都商报》2011年5月23日题为"家长资格证考试的正面意义"的评论代表着主流观点：

电子科技大学附属实验小学搞了一个家长资格认证考试，引来各种担心：增加家长负担、可行性差、容易沦为形式等。在应试教育体制下，谈考色变的心理，容易使人们将"惟考"的方法全当成脏水泼走，但也很容易将"家庭教育理应受到重视"意识，像孩子般一同泼掉。

从家长的笔记内容看，电子科大附小家庭资格认证考试的内容，显然不是我们担心的专业课，不是要让家长代替学校成为考试教育的监工。但现实中，家庭教育往往被家长忽视。社会、学校、家庭，是一个人终身受教的三个重要环境，任一偏废，教育接力都可能功败垂成。孩子太累，足以证明老师和家长也很累；孩子太功利，足以证明老师和家长们也很功利。孩子的任何问题放大了看，一定是全社会的问题，包括学校及家庭。以奥数为例，学校就算取消奥数，谁又能阻止家长们为了让孩子在未来社会竞争中得到加分，而让孩子转而攻克"亚数""华数"等其他技能。

无论是哪种甚嚣尘上的运动式培养，都少不了各个环节或多或少的火上浇油，要灭火，必须集体冷静。中国传统医学治病最忌头痛医头、脚痛医脚，教育问题也是，它会通过教育产品的循环，辐射全社会各个领域，包括家庭。这就可以解释：为什么个别领域的改革、个别学校的整治总是成效不明或者阻力巨大。家长们分析教育责任时，不能总是针砭社会批评学校，自己也难辞其咎。

批评家长们教育责任承担不够，他们可能委屈：相较过去，现在的家长们无不认为自己对孩子倾注了更多精力，花费了更多的金钱和时间，但为什么总是培养不出更令人放心和满意的孩子？因为家庭教育也已进入误区，家长们挣更多的钱将孩子送进更好的学校、请来更优秀的老师，其实是购买其他教育取代家庭教育，这如何可以弥补始终缺失的家庭教育。学校教育再好，也难以抵消糟糕的家庭教育带来的负面影响。

至于家长资格证是否只能用"考试"取得值得商榷，但家长们不该纠结于批评反面，更应体会其想传递的正面提醒：父母资格无可取代，但父母教育子女的能力却有优劣，而优秀的父母，也绝非任何教育机构可以代替。

仅此，电子科大附小努力搭建和家长互动的教育桥梁所做出的努力令人欣喜，而校方革新教育的用心，更加值得尊重和珍惜。（曾茜 成都商报评论员）

2012 年，我校被教育部、全国妇联、中央文明办联合授予"全国示范家长学校"荣誉称号，这是对我们工作的肯定，也是极大的激励。现在，"家长资格证"制度仍在试行中，附小人相信，制度会在不断反思、不断总结中得到完善。下面是一位家长的家教手记，值得一读。

家 教 手 记

我是一个小女孩的母亲，因为特别爱孩子，所以给她起了个小名叫"贝贝"。

我是学理科出身的，为了教育好贝贝，当她还小的时候就找了些有关家庭教育的书来读。后来又到学校上家教培训课和儿童心理与教育辅导课。几年下来，我感觉到了自己和女儿一同成长的快乐。我零星地记下了些感受与家长们一起分享。

一、幼儿时一切事物的态度都是严肃认真的

爸爸妈妈陪孩子搭积木、看图画书、唱儿歌、玩布娃娃游戏都必须全身心地、真诚地投入，以朋友或伙伴的身份真正参与其中，教育孩子一定要有最严肃、最纯朴和最诚恳的态度。孩子提的问题要以他乐于接受的方式认真回答。孩子提出的要求，正当的要满足，不适当的要给孩子做出解释。如果以敷衍的态度陪孩子玩或回答孩子的提问，以"哄哄"的方式应付孩子的要求，那么你就在孩子心灵深处播下了"做事不专注、虚伪、轻率、三心二意、不诚心"的种子。因为家长的一言一行就会在孩子身上打下无痕的却是永远难以消弭的烙印。

二、孩子说谎责任在家长

年龄幼小的孩子总喜欢与比她年龄大的孩子玩，总喜欢把大人用的器具当玩具。这是一种渴望长大成人的本能使然。当孩子独自一人玩爸爸的玻璃水杯时，手一滑，杯子掉在瓷砖地板上，"啪啦"一声，碎了。孩子有些惊恐地看着地上的玻璃碎片。母亲走过去，可能有两种态度：一是狠狠地瞪一眼，生气地将孩子拉开，自己收拾残局；二是大声呵斥，直到孩子泪花满眼，甚至放声大哭。这两种方式都是不恰当的。孩子做了错事，原本就心生恐惧，家长的训斥给了她更大的压力，使之惶惶不安。要知道，孩子的心灵脆弱，胆量小，哪经得起大人的恐吓。若孩子从小没胆量，长大了何来的勇敢呢！这就是谎言的发端。

正确的做法是，妈妈先安慰孩子，告诉她，没关系，妈妈知道你不是故意的，妈妈也有办错事的时候呀。快去拿小铲子和小扫帚来，我们一起把玻璃碴清扫干净，免得扎了贝贝和爸爸妈妈的手脚，好吗？孩子紧绷的心放松了，愉快地和妈妈一起清扫。从此，孩子会更加信任妈妈，当遇到困难时她会更加自信、更加勇敢、更加有担当，因为她时时感到有强大的爸爸妈妈站在她的身后支持着她。她不需要害怕，更不需要撒谎。

三、关于孩子的学习成绩

凡做父母的，都希望自己的孩子成绩优异。但是，影响孩子学习成绩的因素是多方面的。比如，先天的遗传因素、体质因素、智力发展快慢的因素、兴趣爱好的因素，等等。家长千万别给孩子贴上"差"、"落后"、"没出息"、"记忆不好"等标签，标签的不良暗示会给孩子强大的负能量。也不能拿孩子的短板与同学的长处比，这样会使孩子失去自信和尊严。家长需要给孩子的是鼓励与帮助，比如，贝贝考了50分，妈妈说贝贝考了50分，有进步，下次争取考55分行吗？她很自信地说"行"。当她考了55分时，妈妈说，下次争取考60分怎样？就这样，妈妈一边鼓励，一边参与她的学习。利用学校的家长开放日到她所在的班里听课，回到家，听她读自己写的作文。妈妈为她的点滴进步而高兴，也由衷地关注她付出的努力，贝贝的学习成绩终于跨进了先进行列。作为母亲，我不给孩子预设生命的目标，也不代她选择体面的职业，这些是她自己的事。只要孩子每天努力，不问结果，长大了能自食其力就好。

四、用恰当的方式与孩子沟通

孩子越长越大，我的工作也越来越忙，孩子的爸爸被派到公司海外机构工作。

孩子的生活主要由保姆阿姨照顾。还有，孩子随着年龄的增长社会阅历丰富，心中的秘密也多了起来。如何与孩子沟通呢？我告诉孩子，要随时写出对爸爸妈妈的意见、要求，或是不喜欢爸爸妈妈做的什么事，也可以跟爸爸妈妈面谈。这种沟通方式很好。孩子写条子，她总得想一想，梳理思路，组织语言，这对她也是一种学习。比如，有一次孩子写的是："有亲人或爸爸妈妈的朋友到家里玩，妈妈总爱拿我的一些奖状、奖品给大家看，在客人面前炫耀。猛夸自己的女儿如何聪明，如何能干，妈妈这样做，有点俗气，我特别不喜欢。"我觉得孩子说得有道理，很快找机会给孩子真诚地道歉。

五、让孩子理解自己的老师

有一天，孩子回家抱怨："我们老师真假，听说有领导要到班里听课、检查，就布置我们提前预习，还指重点，漏一些问题的答案，要求我们鼓掌要热烈些……这就是作假。"

我告诉孩子，老师也是人，老师也要在这个复杂的社会中生存，他需要工资、福利、职称和声誉，他需要房子、车子，他的孩子也需要生活费、学费。因此，他希望得到领导肯定性的评价。你的老师这样做，肯定有他的苦衷，你要理解老师。妈妈负责任地告诉你，在这个世界上，老师是最爱你，是真正关心你、帮助你、值得你信赖的人。

后来，我的贝贝与这位老师成了好朋友，直到离开学校进入新的学校学习，她仍与这位老师保持着联系。这位曾被孩子抱怨过的老师，成了她最敬重、最爱戴的人。

六、"断奶"，从自己背书包开始

有几幅生活图景让我感慨：因工作关系我常去非洲一些国家。一次我们的越野车正在非洲沙漠中穿行，偶遇两个风尘仆仆的日本中学生背包客。他们请求我们顺便捎他们一段路。他们是利用假期由家里资助一些旅费加上自己边走边打工，千方百计省吃俭用游历了世界上许多国家。

我女儿上初中后，她们学校聘请了一位 20 多岁的美国小伙当老师。这事原本普通，让我惊奇的是，这位小伙是独自一人骑自行车从美国本土边走边打工历时数月，穿越几十个国家来到上海的。

　　在国内上班途中，常看到这样的画面，一个 10 岁左右的男孩或女孩在前面大摇大摆地走着，一位头发花白、背有些微驼的老奶奶背着书包跟在孩子后面，朝学校走，奶奶和孙子差不多一般高。一个年少壮实，一个身体虚弱，一个空着手边走边玩，一个气喘吁吁……不管有多少理由，我总觉得这是一幅挺别扭不和谐的画面，还有那些花着父母的钱，开着高档车在国外花天酒地"留学"的中国学生。

　　独生子女常处于爸爸妈妈、爷爷奶奶、外公外婆的爱的漩涡中。生活断不了奶，学习断不了奶，工作靠父母找，房子靠父母买，骄纵、懒惰、懦弱，得过且过，双手不会去开拓去创造，双肩不敢承担责任——一个没有断奶的孩子是没有出息的孩子，一个没有断奶的民族是没有希望的民族。

　　断奶，从让孩子自己背书包，自己向前走开始吧！

一个孩子的母亲（讲述者系某企业高管，由本校老师记录）

2012 年 10 月 19 日

第九章

如何建设学校文化

★ 1. "文化"与"立校"有什么关系?

★ 2. 电子科大附小的文化支柱是什么?

★ 3. 精神文化、行为文化与物质文化怎样融合?

凡为校长，都希望所办的学校根基牢固，可持续发展，成为名副其实的名校，成为一块响当当的金字招牌，让自己的每一个学生走向智慧之门，拥有幸福的人生。

那么，学校靠什么立足社会、持续发展？陶继新先生的阐释颇有新意："一个人与一个人，一所学校与一所学校，甚至一个国家与一个国家竞争的胜负，关键在文化。文化作为人的存在方式，根本的追求是使人'文'化，由文来化人。正是在这个'化'的过程中，生命个体在逐渐拥有知识、智慧和思想的同时，学校整体文化品格也自然而然地得以提升。但学校文化建设关键不仅在于学生作品的上墙、教师用语的文明、文体活动的丰富等，而且在于内化于师生心里的文化追求。在某种意义上说，文化建设乃学校发展魂之所系。"

文化是人类在漫长的历史发展进程中创造的一切物质财富和精神财富的总和，它是民族的血脉，是百姓的精神家园，是一个国家的精神旗帜。一所内涵丰盈、品质优良的学校，得有四根强有力的文化支柱，即学校精神文化、学校制度文化、学校行为文化和学校物质文化。学校文化是一代一代师生们在较长的发展过程中共同创造的财富。借用文化学者余秋雨先生对"文化"的定义，它是由全体师生的"精神价值、生活方式所构成的集体人格"，"文化的最高境界是大爱和善良"。优秀的学校文化对学校发展具有积极的引领和促进作用，而消极的学校文化则会误导学校的发展方向，阻碍学校发展。校长的责任之一就是继承学校优秀的文化传统，又要紧随时代前进的脚步，不断改革创新，不断丰富发展，使学校文化既有历史的厚重，又有灵动而充满活力的时代精神。

正是基于上述认识，我们提出"文化立校、创新铸魂"这个掷地有声的八字建校方针。

电子科大附小的精神文化

电子科大附小精神文化的核心是一个大写的"人"字。

我在前文中提到过，电子科大附小的前身之一是刃具厂子弟学校，创办于20世纪50年代，那个特定的年代，给学校的是一种爱国、奋斗、自主、自强的精神。电子科大附小的前身之二是1956年创办的电子科技大学子弟校，半个多世纪以来，电子科大的科学精神和人文精神的浸润、滋养，一代代老师的心血浇铸，为学校积淀了丰厚的精神文化底蕴和优良的办学传统。2006年，电子科大子弟校与原成都市府青小学（前身是刃具厂子弟校）合并后更名为电子科技大学附属实验小学。我们在学校面临新的发展机遇的关键时刻，对学校在半个多世纪办学历史发展过程中的一些理念和主张进行梳理，对办学校有积极推动作用的文化传统则继承下来，秉承电子科大"求实求真"的治学态度、科学精神和人格品质诉求，"大气大为"的学术风格、博大胸怀和至高的人生境界，对附小精神文化元素进行整合，并根据社会的发展、时代的精神文化特征，及未来社会对人才的需求，以独特的视角，提出以人为核心的新的学校精神文化，为学校创造出更大的发展空间。

1. 核心概念。

新学堂。人是"新学堂"办学的出发点和归宿。新学堂的中心是一个大写的"人"字，遵循以人的全面发展、个性发展、终身发展为本，追求的是以育人为本的素质教育思想，人的创新精神、实践能力、学习能力为发展核心的真正的适合学生的教育。

2. 价值取向。

为儿童的健康成长奠基，为儿童的未来发展奠基。将追求儿童的健康成长，追求儿童的尊严与幸福为终极价值取向。（具体分为两个阶段、3个方面、45个要素）

3.办学理想。

让学生健康成长，让教师和谐成长，让家长幸福成长。这是附小人的教育理想，一切为了学生。有了和谐成长的教师才有全面发展，人格完善，心灵充盈，个性鲜明的学生。家校共育是培育学生的最佳模式，也是最道德最人性的教育方法。让家长与孩子一起享受教育，享受孩子成长的快乐，理性面对差异，将国家使命、家庭目标、学生个人目标和谐统一，化解社会矛盾，减轻家长压力，促进普通家庭的诗意人生。

4.教育理念。

健康教育、习惯养成教育、人性化教学是附小三大核心教育理念。

能在关于应试教育、素质教育上仍争论不休，在教材、教参、机械性强化训练、死记硬背依然统治课堂，在课改中，关于"轻视知识"的思潮，关于课程标准的质疑等争议不断的背景下，敢于直面基础教育的现实，响亮地提出将儿童健康放在首位，将习惯养成作为小学德育的核心，将重建以人性化教学为目标的课堂文化为重点，这需要勇气，需要胆识，更需要智慧！

电子科大附小的制度文化

制度是学校办学思想、教学理念能够践行，能够落地生根、开花结果的保障机制，好的制度是集体意志的表达，既约束人性的弱点又释放人的创造力。

本着"人本"、"民主"、"合作"、"环境"八字建设制度文化理念，电子科大附小逐步形成 11 个方面（含 5 个系列）的规章制度：

（1）领导班子的工作制度；

（2）教师管理制度（系列）；

（3）学校管理部门的设置及负责人任免制度；

（4）课程与教学管理（系列）；

（5）课堂教学常规（系列）；

（6）教师绩效考评办法；

（7）班级管理制度；

（8）教职工全员参与管理办法；

（9）家校共育制度（系列）；

（10）学校安全管理制度；

（11）后勤工作制度（系列）。

这些制度保障着学校的良性运转，维护着学校的井然秩序，体现公平、公正、平衡、协调的资源搭配，维系着合作、和谐的人际关系是电子科大附小制度文化的独特风景。

电子科大附小教育集团课堂管理细则（2012版）

一、管理好桌椅与卫生

1.教室桌椅对整齐，且第一排桌椅距离讲台至少在1米以上或2米左右，确保学生有足够的空间到教室前面进行集体表演，充分保护学生的视力和尽可能减少前排学生吸食粉笔灰尘。

2.整节课上自始至终地面都无垃圾。

3.课前将黑板擦干净，课上及时擦去不必要的板书内容，以突出学习重点与关键，便于学生理解与记忆。

4.多媒体上无灰尘。

二、管理好座位与考勤

1.班主任要为每个学生编好座位。除走班课教室外，一学年内，每个学生都有权利与义务轮流坐教室内的每个座位。俗话说，"屁股决定脑袋"，坐在不同座位上课，学生的感觉是不一样的。坐在第一排有"零距离接触权威"之优，坐在最后一排有"统观全局"之乐。同时，让学生按规则变换座位上课，也有助于保护学生的健康，提高学生交往的能力。

2.所有的任课教师都应要求每个学生都在固定座位上上课，不能随意调换座位，尤其是走班课，以便于考勤。

3.任课教师要督导学科科代表使用学科考勤册，记录缺课、作业上交情况信息。如有缺勤，任课教师应及时询问负责管理考勤的班长或科代表，并与班主任保持联系。

4.值日班长每日写班级日志，对异常行为进行标注、提示。

备注：学生请假制度：1天以内的上课迟到、缺席向班主任请假；1天以上3天以内向年级共同体内分管德育的主任请假；3天以上1周以内向学校德育处主任请假；1周以上向学校分管德育副校长请假；1月以上向学校校长请假。

三、管理好发言与举手

1.教师要鼓励学生发言，尤其是要为那些暂时落后的学生提供发言成功的机会。

2.学生发言要声音洪亮，面对同学。

3.教师要指导学生诚实举手。学生课堂上只要能回答老师提出的某个问题或想争取发言都应举手。

4.学生上课原则上举左手，有不同意见或认为老师讲课有错误时才举右手。凡指出教师讲课错误，并被老师认同的，期末考试成绩每次可加0.01分。教师要鼓励学生挑战权威。

5.教师对学生的发言要有引导与激励性评价。

四、管理好用语与声音

1.课堂上师生都要坚持讲普通话。

2.教师课堂上称呼学生为"同学"，而不是"孩子"，称呼"同学"有强化与学生"共同学习"的意思，符合新课改要求，也有助于教师的成长。

3.教师要引导学生多用"我发现……"、"我是这样想的……"、"我们小组的意见是……"、"我们小组认为……"等语言表述观点与见解。

4.教师要善于根据教学情况适当调节声音音质、音量、声调、节奏等，选择合适语气，调控课堂气氛。

五、管理好倾听与姿态

1.当同学站起来回答问题时，教师应该鼓励其他同学用目光关注发言人。

2.当学生发言无序或课堂纪律失控时，教师要有"此时无声胜有声"的智慧与耐心，提示学生安静倾听。

3.每节课教师都要设置学生"身体动起来"的环节，让学生变换听课姿态，如拍拍手、跺跺脚、扭扭腰、站起来等，尤其是"站起来"要多用，因为"站起来"有"真高大"的意思。同时，这也有助于保护学生健康。

4.教师上课要体态丰富，充分激发学生的学习兴趣。

六、管理好礼仪与秩序

1.教师要注意自身的仪表风度，包括衣着打扮整洁干净，美观大方；行为举止文雅礼貌，稳重端庄；待人接物热情和蔼可亲；教态自然典雅，从容潇洒等。

2.教师要尊重每一个学生，"平等对待每一个孩子"。

3.学生要尊重老师。课始和课末都要全体起立，向老师问好。

4.每个学生都要注意自己的着装和发式，符合学生要求。

5.学生上讲台、交作业、举手发言都应讲求秩序，开展各项活动要注意安全。

6.迟到学生原则上从后门进教室。

7.教师要善于调控课堂秩序。在问题行为产生之前采取措施，实施预防性管理。鼓励和强化良好行为，运用信号暗示、创设情境、移除媒介等多种影响方法对学生问题进行制止。

七、管理好课堂自学与练习

1.教师要鼓励学生自学，并给学生提供自学的时间与自学提纲。

2.教师要善于运用多种方式激发学生的自学兴趣。

3.自学后的小组讨论要指定"主持人"。

4.每节课都应有让学生练习的时间。

5.对学生练习的评价与反馈应及时，倡导学生用手势反馈作业信息，加强练习的针对性指导。

八、管理好课堂板书与课件

1.板书要少而精，突出重点与关键，辅助板书不能写在正中，用完及时擦去。

2.板书时要选好粉笔的颜色，有助于学生集中注意力。

3. 多媒体课件及板书字、图与符号不能大小，要让最后一排学生看得清。

4. 多媒体不要"太花哨"，以免分散学生的注意力。

九、管理好手机与话筒

1. 每个学生都不能带手机到学校上课。如有特殊情况，必须先申请，经家长签字同意和班主任老师批准后，学生才能带手机到学校，同时进入学校后手机要立即关机。

2. 教师手机在课堂上应设置为静音或关机状态，一律不接听手机和翻看短信。

3. 课堂上为保护学生的听力，教师原则上不使用话筒上课，有特殊情况的，必须经本人申请，教导处批准后方可使用。使用时，话筒声音应调至最小状态，以免伤害学生的听力和影响相邻教室上课。

十、管理好情绪与健康

1. 教师要密切关注学生的情绪，鼓励学生如有身体不适时举右手报告，并由同学陪同到医务室检查。

2. 教师要通过关注学生的情绪，及时调整教学方式和教学内容（倡导低年级课堂做课中操）。

3. 教师上课语言要尽可能幽默风趣，让学生有兴趣。教师的个人偏激情绪不能带到课堂，不能"传染"给学生。

4. 教师要广泛采用多种手段，包括引入竞争机制，不断让学生集中注意力。

5. 教师要注意指导学生养成良好的写字习惯与其他保护健康的习惯。

6. 每天最后 1 节课的最后 1 分钟，任课教师要对学生进行安全教育。

2012 年 10 月 8 日

电子科大附小的行为文化

精神文化、制度文化都是精神层面的，理念性的。它们以文本、图画、雕塑、屏幕、艺术作品、言语等方式呈现，但如果仅仅是写在纸上，挂在墙上，说在嘴上并未真正变为实际行为，"文化立校"就犹如空中楼阁，虚幻无物，只有一堆空洞的概念而已。

校长、教师和学生既是精神文化的创造者，又是先进理念的践行者。

学校要求教师阅读经典，成为思想者，在实践中研究，成为"教育家型"教师。校长首先要喜爱阅读，长于思考，勤于笔耕，常进课堂，坚持每期给校报写一则"校长寄语"，至今已达12则。我带头写论文，带头做讲座，招生时常与负责该项目的教师一道与家长沟通，坚持不懈为新生家长讲家教培训课。

实施新课程、新课标以来，不仅对教师进行理论辅导，引导教师进行观念上的变革，而且登台上数学研究课，每学期听课均在70节以上，并有记录有分析有改进建议，我是在努力争取当好教师中的首席。

老师要求学生读书，老师则首先是阅读的爱好者、带头者。学校定期检查教师阅读情况和读书笔记，召开主题阅读演讲会。

践行"健康第一"的理念，50分钟阳光大课间是我们的一大亮点。全校教师和数千名学生一起做武术操、循环跑、打乒乓球、跳绳、打网球，学生老师一起呼喊、奔跑，一起流汗，一起欢笑，一起享受体育锻炼的乐趣。在这里，老师不是看客，更不是指手画脚的监督者。

习惯养成教育是学校的核心理念之一。我们的老师和学生坚持从细节入手，师生共养好习惯。"有干没干先看吃饭"是附小的口头禅。"不偏食，不浪费一粒米"是用餐习惯的首要内容，每天中午老师学生共同就餐时，都会自觉吃完碗中的饭菜。还有不乱扔纸屑，不践踏花草，便后洗手（学校安装200多个水龙头供学生使用），这些细小的行为习惯折射出的是师生们的道德和人格的光辉。

电子科大附小行为文化建设有以下亮点：

一、一流校长的气质、行为特征

（1）广博的学识，开阔的视野。

（2）高尚的节操，高雅的格调。

（3）综合的素养，创新的品质。

（4）理性精神，人文情怀。

（5）认识自我，管理自我。

（6）专家气质，政治家修养。

二、教师的特质

（1）有思想、有方法、有幸福感。

（2）主动的学习者。

（3）自觉的变革者。

（4）优秀的引导者。

（5）出色的管理者。

三、三大"人文"工程

（1）温馨的生活空间。

①以关心与服务为前提，营造家的氛围；

②以尊重与信任为前提，建立良好的人际关系；

③以研究与合作为前提，享受工作的美好与快乐；

④以强化学校竞争力，弱化教师间竞争为前提，培养集体荣誉感、责任感和团队精神；

⑤以独立思考、创造精神为前提，坚定教师的教育信念。

（2）丰富的精神家园。

①精神高地；

②知识高地；

③教育科学与教育艺术高地；

④生活品质高地。

（3）适宜的成长土壤。

①重新理解职业；

②体验职业快乐；

③重塑职业价值观；

④高效的职业培训；

⑤拓展教师发展空间；

⑥促进教师和谐成长——精神上有崇高感；职业上有归属感；事业上有成就感；生活上有幸福感。

四、学生身心健康成长

（1）体质健康：长得高、立得稳、跑得快、坐得住、看得远。

（2）心理健康：想得通。

（3）社会适应性健康：处得好。

五、习惯养成五大系列

（1）做人习惯系列。

（2）做事习惯系列。

（3）学习习惯系列。

（4）思维习惯系列。

（5）锻炼习惯系统。

（6）生活习惯系列。

六、"新学堂"好学生的标准

（1）身体好。

（2）情商高。

（3）学习能力强。

七、重建课程体系

（1）三大板块。

①基础性课程板块；

②选择性课程板块；

③综合性课程板块。

（2）立体多元的十五大课程系列。

（略）

八、重建教学文化

（1）建立和谐的师生关系。

（2）一堂好课的标准。

①立意高；

②氛围好；

③效果优。

（3）创新教学模式。

（4）走班制教学。

（5）新三段分校区强衔接教学管理。

（6）让先进教学理念成为一种教学习惯。

（7）教师精品课堂教学系列。

九、学校与社会

（1）智力支持。

（2）社会支持。

（3）家庭支持。

（4）媒体支持。

"新学堂"三字箴言

新学堂　小学校　大教育　细管理

	制度化	常规化	精细化
	倡文明	修人格	守底线
课堂上	激思维	真善美	大智慧
	强自学	强反馈	强练习
	立意高	氛围好	效果优
做行政	重学习	要先思	要先行
	守制度	既求实	也务虚
	强修炼	以身正	求人正
为人师	有爱心	有童心	有智慧
	人格善	学识宽	技精熟
	有思想	有方法	感幸福
为学生	长得高	立得稳	跑得快
	坐得住	看得远	想得通
	身体好	情商高	学力强
三校区	同品质	习健体	共合作
	多元化	融主干	抓衔接
	强素质	寓情感	重德行
附小人	和为贵，	善为本，	诚为先
	拿得起	放得下	做得好
	立得正	行得直	想得开
	你我他	凝团队	是大家
	尚健康	育习惯	促成长
	求卓越	创特色	写华章

（李朝霞）

电子科大附小的物质文化

学校的物质文化主要指建筑、文体设施、教学设备、校园的人文景观和自然景观等物质层面的元素。

（1）学校的建筑、人文景观和自然景观要与办学精神相一致，要用"物语"，用其自然意蕴、隐性内涵表达思想与观念，有利于对学校的核心价值观的诠释并通过其独特的感染力、震撼力、渗透力、持久而深刻的影响力，润物细无声地产生育人功能，触动师生心灵，促使全校师生奋发向上。

（2）丰富性是校园物质文化建设应遵循的原则。校园是一代代儿童走向智慧的必经之路，它联系着过去（传承文明），联系着现在（人的社会化），联系着未来（开创未来世界），它应该是一座富含审美趣味、闪烁思想光芒的立体雕塑，一本浓缩人类智慧的文化经典，一幅色彩丰富的时代画卷，具有历史感、现代感，给学生以文化的熏陶、美的感受和积极的心理暗示。

（3）学校应该是一个微型的绿色生态系统。校园美学的最高境界应该是人性美、自然美。高大的乔木，碧绿的草坪，盆栽的花卉，红领巾种植园等构成一个优美怡人的小世界。茵茵草坪平心静气，绿树红花养眼养神。自然美、环境美使师生身心愉悦，心态阳光，既陶冶情操，又在不经意间习得知识，增强环保意识，提升审美情趣。

（4）教师和学生是学校物质文化的建设者。比如，校园的绿化，廊台的布局，室内装饰，教室的布置都应以教师和学生的创造性劳动为主。特别是教室，那是学生学习生活的主要场地，应由学生自主设计方案，自己动手布置，以体现童真、童趣，展示其创造性思维和技能，从而真正形成一班一格，五彩缤纷。

（5）学校物质文化建设要凸显学校的办学特色。特色是学校形成品牌的基础，是学校整体发展最重要的引领，是学校的重要竞争力。要通过主题景观，人文景观（如刻石、壁画、题词碑）予以彰显，使其成为师生的一种文化自觉。

（6）学校物质文化的先进性。先进性主要体现在三个方面：一是校园景观蕴含的观念要适应社会发展的需要，要符合教育规律，要利于学校自身生存与发展；二是校园整体规划布局要有先进的设计思想，比如，风格要典雅、大气、朴实、协调，动静相宜、上下配合、空间利用合理，功能与审美统一等；三是文体设施、教学设备要跟上时代前进的脚步，适时更新换代，保持先进性。

校园十二大文化景观（部分文化景观正在规划中）

以上种种文化观念，最终凝固成了电子科大附小十二大主要景观。这些景观从不同视角体现了学校的办学思想、价值取向和课程文化。

一、主题雕塑

主题雕塑形似一只手，以每个手指的长度不一样，但因为生长的位置不同，让每个手指都有用，合在一起还可以发挥最大的功用，至少有两层寓意：一是每个孩子就好比5个手指，只要找准了自己的"发展位置"，就一定能达成"天生我材必有用"的目标；二是教师要把每个孩子都当成一个大系统中的独特世界，功夫花在"因材"上，策略用在"施教"上，努力促进孩子个性化成长。

二、大树下的故事

校园核心区域每株大树下置一文化石，每块石头上刻以古今中外的名言、故事，每句名言或故事讲述一种人生哲理、一种价值观，涵养人性，培养道德理念。

三、人类的脚印（文化长廊之一）

以"图说"的方式，展示生命的起缘、人类的演变、人类文明发展的历程，让孩子们了解生命，了解人、人与自然、人与社会、人类社会面临的种种挑战等方面的知识，了解人类的复杂性、统一性和多样性。

四、蓝色的星球（文化长廊之二）

介绍关于地球、环境、生态、全球化等方面的知识。开阔视野，关注生态文明，培育世界小公民的意识。

五、我们的祖国

反映中国版图、物产、环境、历史、文化、科学发展、民族精英等方面的知识，突出重点、特点，培育爱国情怀、公民素养、责任感和忧患意识。（长廊或墙壁）

六、学生文化墙

展示历届学生在文学、艺术、科技、社团、公益诸方面的作品、图片、实物等，培育学生自主、自信、自觉、创造、实践、审美的学生文化。

七、开放的书架

这是阅览室、图书室之外的，在走廊、拐角墙壁等处设立的开放式的书柜或书架，陈列儿童读物、报刊，由学生自主管理、自由取阅，让书香溢满校园，让孩子们徜徉在知识的海洋中。

八、乒乓球王国

300多张乒乓球台遍布校园，这既是体育器材，可同时满足上千学生运动的需要、体育教学的需要，又是一道独特的风景，是一所小学的"世界之最"。

九、学校博物馆

这是校园里一个特殊的"精神栖息地"，一个收藏与展示教育文化的地方，陈列的主要内容有：

（1）中国教育简史；

（2）世界教育简史；

（3）中外著名教育家；

（4）四川教育的历史沿革；

（5）电子科大附小的发展历程；

（6）我们的校园；

（7）我们的老师；

（8）我们的学生；

（9）我们的校友；

（10）学校教育、教学、教研成果。

（文字、图片、书籍、实物、影像资料等）

十、教师书吧

一个朴素、雅致、精巧、宁静、诗意的释放心情的地方。（前文已有介绍）

电子科大附小的校园文化是由精神文化、制度文化、行为文化、物质文化、景观文化构成的一个完整的系统。这个系统形成一种文化上的影响力、凝聚力、向心力、感染力和推动力。

校园文化在长期积淀、不断累积、不断创新的过程中形成和发展。健康向上的校园文化是一种"集体人格"，一种思想观念，一种积极的心理现象，一种强大的精神力量。它陶冶、浸润、启迪、感化、滋养着学生健康成长，她无形地改变着学校的软环境，营造出良好的校风、教风和学风。

比如，在一个人人都爱读书、爱思考、爱探究问题的学习氛围中，谁愿意懈怠？在一个窗明几净、花木葱茏、一尘不染的校园环境中，谁愿意乱扔垃圾？电子科大附小的老师们每天早晨在亲切、欢快、优美的乐曲声中以乐观向上的心态列队站在校门口，迎接自己的学生，并互致问候时，孩子们必然会举止文雅，亲近爱戴自己的老师，心中充满欢乐，脸上阳光灿烂。

十一、科学家长廊

"可以这样说，没有科学的教育，只是培养信仰，而不是教育。没有受过科学教育的人，只能称为受过训练，而非受过教育。"(《第一推动丛书》总序·湖南科学技术出版社2007）科学家走廊正是为配合学校开展科学教育而设置的。

科学家走廊分两部分。第一部分展示的是以历史眼光和全球视野遴选出古今中外著名自然科学家（以近现代为主）若干名，通过图片、文字等方式向学生介绍他们的生平和成就，宣扬他们的科学思想、科学态度和科学方法，并以科学人物为主线，较系统地描述一些重大的科学发现、科研成果对社会发展和人类进步的巨大推动作用。

第二部分介绍电子科技大学科学家如何学习与奋斗的历程、治学态度、科学精神及对国家对人类的贡献。

科学家走廊是学校科学教育的重要组成部分，旨在启发孩子们爱科学、学科学的兴趣，在儿童幼小的心灵中撒播科学的种子，培育科学的精神。特别是那些与孩子们仅一墙之隔的电子科大的科学家们的事迹让师生倍感亲切，因而其熏陶和感染是鲜活的、有力的。学校期盼着能有一些孩子沿着这条走廊，登上世界的科学圣殿。

十二、健康养生长廊

这是配合学校健康教育的文化设施。围绕健康养生主题，采用生动活泼的形式，介绍健康养生的意义、知识与方法。

主要栏目有：生命是什么、认识自己的身体、人体器官是怎样工作的、什么是健康、养生与生命的质量、养生四季、生命在于运动、营养与健康、心理与健康、吃与喝的学问、生活中的保健常识、科学地生活、最好的医生是自己、疾病的防治、自我健康管理等。每个栏目中又有图文并茂的小常识、小知识及谚语、箴言之类。

健康养生长廊是一部翻开的浓缩版健康百科全书，让孩子们懂得没有健康，就没有未来；拥有健康，才拥有幸福的人生，而健康就掌握在每一个孩子自己的手中。

这就是校园文化春风化雨、润物无声的神奇魅力，是一所学校最宝贵的教育资源。

附录一：康永邦教育论文、教育演讲及校长寄语

● 论文

为发展找准位置
——"五个手指"给校长的启示

每只手都有五个手指，但每个手指的长短、大小、形状却是不一样的；每个手指的位置是固定的，不会改变的，但每个手指所发挥的作用却不尽相同；所有的手指都生长在一个手掌上，但每个手指都是彼此相连、排列有序的，都联系着身体上的某一个器官；每个手指既是独立的个体，也是合作的个体，只有在合作中才能实现手指的价值，才能发挥出手掌力量的最大化。

作为一名校长，"五个手指"让我联想到的是：如何找准学校发展的位置，使学校在激烈的竞争中脱颖而出，办出让人民满意的教育；如何找准教师发展的位置，明确目标，开拓进取，培养出一支创新型的教师团队；如何找准学生发展的位置，彰显其个性特长，让每个学生都能健康成长。这是校长的重要工作，也是校长确定办学思想的一个重要路标。

一、找准学校发展位置，构建现代"新学堂"

一个校长要准确把握学校发展的位置，除了要听取上级教育行政部门的指导性意见，更要从学校的社会关系、历史沿革、办学传统、师资力量、生源素质、设施设备及国内外教育态势等方面去分析学校的优势、问题与面临的机遇。为此，一方面我们坚持"文化立校，创新铸魂"的办学理念，要求每位附小人不断积累学校的文化成果，弘扬"诚信、勤奋、竞争、合作、创新"的学校精神，以"立大志，重细节，师生共养好习惯"为座右铭，以培

养"身体好、情商高、学习能力强"的现代人为目标,努力建设一个文化气息浓厚、充满活力的现代"新学堂"。另一方面,我们还突出创新教育这一办学特色,借助电子科大资源,努力打造科学教育与信息化教育品牌;与电子科大外国语学院合作建立英语教育实验基地,改革英语课堂教学模式,凸显英语特色,打造英语教育品牌;强化艺术教育,开办各种艺术兴趣活动小组。找准了学校发展位置后,我们通过强化管理,构建起了一个现代的新学堂;下移管理重心,实现教师、学生"人人当干部";完善年级组与教研组这一管理与教研的共同体,实行年级组长与各部门共同考核教师制度;在年级设立"年级公共事务管理岗位",使年级组内做到"人人有事管,事事有人管";在年级组内推行值日教师制度、年级组例会与年级组教育教学工作会制度;学校与年级组长、教研组长分别签订目标考核责任书,层层分解年度目标考核目标与任务,制定了《年级组教研组追加奖励制度》,综合进行考核。这样,一个管理完善、高效能、人文氛围浓厚的"新学堂"形成了。

二、找准教师发展位置,培养创新型教师团队

每位教师都有存在的价值,都能为学校做出积极的贡献;每位教师只有找准自己在学校的位置和发展方向,才有生存的"不可缺少"的空间。为此,校长应会同相关人员和机构,对每个教师的个性特点、社会关系以及专业品质进行深入分析,帮助教师找准自己的发展位置,最大限度地为教师的成长提供发展的空间。

在培养创新型团队的过程中,我们帮助教师落实人格修炼、专业修炼、职业道德修炼的"三项修炼",促进教师专业化成长。同时,我们还优化校本研修,以年级教研组为单位,以"研究性小专题"为切入点,围绕主题开展了系列教研活动,举办各种层次的培训班,建立名优教师工作室,让教师"在做中学","在游泳中学会游泳";采用"请进来,走出去"的模式给教师有效开展校本研修搭建平台,从读书沙龙活动的开展中让教师"在看中学",在与专家的对话中寻求解决问题的策略和方法。此外,还让教师"在议中学"、"在悟中学"。

当然,创新型教师团队的培养还需完善的评价体制来支撑。学校对教师评价主要是从质量系数、团队合作系数、社会影响力系数这"三个系数"来进行的；基于课堂教学在整个教学过程中的主导地位，学校对学科课堂教学实施质量系数来评估教师的教学工作；通过"管理中心下移"充分发挥各年级组和教研组的团队合作，将团队合作系数作为考核的重要指标；学校还将社会影响力纳入了对教师的考核。

三、找准学生发展位置，彰显学生个性特长

每个学生在智能发展、个性品质、学习能力、兴趣情感等多方面必然存在差异，有差异才有共生的可能。学校要找准学生发展位置，为学生搭建平台，让每个学生都自信、健康、快乐地成长。

让学生人人都来当干部，从学习、锻炼、卫生、礼仪、交往五个方面为学生提供锻炼的机会，让学生在相互的关爱中学会自我管理，增强自制能力。

定期对学生进行学法指导培训，强化自学、强化训练、强化反馈，在训练反馈的过程中培养学生的自学能力，让人人学会自学。

积极贯彻"每天锻炼一小时，健康生活一辈子"的理念，落实100张乒乓球桌配置计划，配合39分钟的大课间行动，开展全员乒乓运动，保证学生每天参加一小时体育锻炼，进而整体提升学生健康素质。

（此文刊在《四川教育》2009年2、3期）

动起来，让每个生命更精彩
——电子科大附小创建"新学堂"，凸显个性化教育办学特色的探索与实践

电子科技大学附属实验小学根植于教育部直属全国重点大学电子科技大学，前身为创办于1956年的电子科技大学子弟校，2006年4月与原成都市府青小学合并后更名，是成都市成华区人民政府与电子科技大学合作共建的一所公办小学，是成华区教育局规划的品牌提升重点打造学校，是世界网球冠军晏紫的母校。

我校现有39个教学班，1900余名学生，108名平均年龄为30岁的在岗

教师。教师大学本科以上学历占95%，其中全日制大学研究生学历6人，特级教师1人，市区校学科带头人20人，成华区最具影响力班主任1人，获全国及省市赛课一等奖者10余人。

2007年8月，学校领导班子和全校教师，全面调查、科学分析校情，充分听取多方意见后提出：学校秉承过去优良的办学传统，紧紧依托电子科技大学厚重的文化底蕴和丰厚的人力资源，坚持"文化立校，创新铸魂"的办学理念，积极开展个性化教育的办学特色探索与实践，建设一所"新学堂"。

说起"新学堂"，这还得从我校的校报谈起。当时，学校在全校师生与家长中征集校刊名称，从上千个名字中，"新学堂"脱颖而出这三个字引发了我的思考：作为以科技创新为核心诉求的电子科技大学，它的附小，应该传承文化，变"讲堂"为"学堂"，应该在培养学生的创新精神上下工夫。在层层论证与广泛征求意见后，学校拉开了"新学堂"探索与实践的序幕。90岁高龄的电子科大教授、中国"微波之父"、中国科学院院士林为干老先生闻讯后，欣然题写了校刊名——"新学堂"三个大字。

"新学堂"特别关注创新、主动学和学校文化建设。一个乐于创新、热爱学习的人，必定是一个爱动脑思考的人。温家宝总理说："学生不仅要学会知识，还要学会动手、学会动脑、学会做事、学会生存、学会与别人共同生活，这是整个教育和教学改革的内容。"

杜威的"从做中学"理论，倡导通过活动、探究的方式来帮助儿童学习。我国教育家陶行知先生也提出"教学做合一"，鼓励儿童学习用眼看、用耳听、动手做，培养儿童的创新精神。

好动是孩子的天性，而教育就应当尊重和顺应孩子的天性，在"动"中激发其潜能，促进其个性化发展。于是我校确立了建设"新学堂"的核心理念动起来。孩子不应该失去天性，而应该"动起来"，回归充满活力的童年生活。由此，学校开始了以"动起来，让每个生命更精彩"和"心系健康，赢在习惯"为核心理念的快乐教育新模式探索。

一、让学生"动起来"促进学生个性化成长

"新学堂"倡导"动起来，让每一个生命更精彩"的理念，努力创造条

件让学生的脑、眼、手、口等都"动起来"，将学生从书山题海的"应试教育"中引领到充满情趣的七彩生活中，让学生在自己感兴趣的活动中获得真知，焕发生命活力，进而感受精彩，发展个性特长。

1. 创新班级管理模式，实施"走班制"。

针对传统的班级制不利于因材施教的实施，学校打破了现行班级制的常规，让学生"走班"。即学生不再像从前那样，每天上什么课，完全由学校指定，而是将部分"选课权"还给学生，由学生自己选择喜欢的课程，让学生实现"要我学"向"我要学"转变。目前，我校在四年级尝试的这场改革，主要有四大"变革"。

一是从6个班到62个班——"班级"概念大延伸。四年级有6个行政班，每天上午为定班制教学，下午为走班制教学。300多名学生在一个星期中，重新组合成了62个教学班。这完全是根据学生的现实学习状况和兴趣、特长重新组合。对此，四川师范大学刘世民教授作了如是评价："交往半径的扩大，有益于学生情感的发展、协作能力的增强。"

二是从8门课到36门课——"课程"内容大拓展。学校现阶段选班制课程主要有8类：基础学科拓展类、科普类、艺体类、语言类、书画类、棋牌类等，学生从8门课到36门课，课程内容大拓展。为什么要设置这么多课程？四川师范大学教育科学学院张建琼教授剖析了两大理由："走班制"是素质教育的具体践行，需要相应的教育方式来达成，反映到课程上需要涉及多方面素质的多种课程内容来实现，"走班制"正是对素质教育这种诉求的实践探索；"走班制"是着眼于教学实践问题的具体探索，它基于现实中学生"厌学"情绪严重的现象，从课程与教学的角度去激发学生的学习兴趣，让学生在学习中体验成功，从而使学生走上积极主动的愿学、乐学之路。

三是从"黑板"到"魔板"——教学方式大变革。"魔板"是师生对区教育局专门为我校配置的现代多媒体教学辅助手段"电子白板"的爱称。基于在传统黑板上书写和现场作图等一系列准备工作不仅耽误了教师课堂时间，还会让学生的思维中断，注意力分散，着实影响了课堂效益。有了"魔板"，教师在教学时，不再像从前那样，在黑板上用粉笔教学，而是直接在"魔板"上写写画画，大大节约了课堂上浪费的时间；同时，"魔板"的高容量使得课堂的时间和信息量都增大了，平时两堂课的内容，现在一堂课就能完成。

四是从"分数"到"素质"——评价体系大变脸。"走班制"的实施，必然会引发学生评价体系的改变。以前主要是以学生的学习成绩高低来界定学生的优劣，用同一把尺子去衡量不同特质的人本身就是不科学的。而现在，学校以"走班制"为突破口，将学生的静态评价和动态评价结合起来，既要评价学生的考试成绩，又要评价他在"走班"过程中的动手能力、创新能力、实践能力等综合素质的展示情况和动态的发展过程。这样，把两者结合在一起考察，得出的评价结果就更全面和更准确。

"走班制"的实施，拉开了我校课堂教学改革的序幕，为孩子们勾画出了灿烂的发展蓝图。

2. 创新课程设置，开掘丰厚的课程资源。

课本不等同于课程，教材不能局限于书本。教师要科学地解读课程，树立现代课程观。一个教师最重要的任务就是开发课程；一所好的学校，其重要标志应该是课程开发的能力比较强。

学校在课程开发上，一个鲜明的特点就是"国家课程校本开发，校本课程特色开发"。学校现在所开发的课程中，除了前面已经提到了一些走班制课程外，还开设了生活百科、辩论演讲、故事会、"读万卷书，行万里路"、"红领巾种植园"、每天 50 分钟的大课间活动、"徒步电子科大，放飞科学梦想"实践活动、英语节、艺术节、体育节、阅读节、升旗仪式和毕业典礼、"全员乒乓"、"全员网球"运动、经典诵读、绿色校园等多门课程，为学生提供了一个广阔的生活学习空间。学生通过学习这些课程，拓宽了视野，启迪了思路，增强了信心，有助于培养学生树立远大志向，养成良好的学习、生活与思维习惯。

3. 创新学生互助机制，实施"学生人人当干部"。

小孩子好动的另一个表现，就是领袖意识很强，总想去"管理人"。而现代社会需要每个人不仅有被管理的经验，更应该有管理的经验。传统的学生干部机制，无法满足更多的学生当"干部"的愿望。

"新学堂"里的学生，人人都是小干部。学校把干部定位为：不仅是管理者，更是关爱者和服务者。每个小干部至少针对一位同学，关爱与管理他的五个方面，即学习、锻炼、卫生、礼仪、交往，这样环环相扣，就形成了一个连环的帮助、管理模式。

自从学校实行"人人当干部"的制度后，孩子们的自觉性明显增强，自我管理能力也显著提高，学校的早读、集会、午餐等管理难点迅速突破。现在除了午餐有老师守候外，早读、课堂、集会则由学生自主管理。"人人都是管理者，人人都在管理中"的管理理念，实现了过去由少数人垄断班干部，变成了现在由大家都做的干部。这种改革既培养了学生的自治能力，又增强了学生的民主意识、合作精神和社会责任心。

二、让教师"动起来"促成学生个性化成长

教师的成长与发展直接决定着教育的质量，影响着教育的发展水平，是学校诸多竞争力中最核心的竞争力。让教师"动起来"后，学生自然也就动起来了。

1. 创新学校内部管理机制，激发教师工作热情。

在管理机制创新上，学校走管理重心下移之路，注重突出以下三个特点。

一是推行"教师人人当干部"：由年级组长统筹年级组，教研组长统筹教研组；年级组长和教研组长代表本组分别与学校签订年度目标责任书；年级组长参与行政例会，实行年级组长与各部门共同考核教师机制；每个年级还设有"年级公共事务管理岗位"，做到年级组内"人人有事管，事事有人管"；同时，还在年级组内推行值日教师制度、年级组例会与教育教学工作会制度，努力调动每个教师参与学校管理的积极性和主动性。

二是以"三个系数"评价教师业绩，即质量系数、团队合作系数和社会影响力系数。

三是鼓励教师一专多能，为"一人多岗"创造条件。在实践中，我们推出了一个"五指理论"，即根据"每个人的五个手指不一样长，位置又是固定的，每个手指既是独立的个体，也是合作的个体"等因素，学校管理的重要任务就是为教师找准发展的位置，明确目标，开拓进取，促其成长。比如在四年级实施的"走班制"，就有多名四年级以外教师承担授课任务。

2. 创新校本研修思路，促进教师动态生长。

我校的校本研修就是以共同构建"新学堂"为契机，力求让每个教师树立智慧育人思想。这主要有以下四个特点。

一是在校本研修的目标定位上，力求达到"三个有"，即让教师有思想、有方法、有幸福感。帕斯卡有句名言，一个人的全部尊严在于他的思想。改变一个人首先应该改变他的思想。每一个教师都应该是一个思想家，因为教师面对的是活生生的、有生命、有灵性、有思想的学生。

二是在校本培训内容的安排上，力求实现"三个超越"，即超越教育、超越学科和超越技术。

三是在校本培训模式上，努力彰显"三种模式"，即专家引领模式（包括现场诊断模式、课题研究模式、分类分层举办培训班模式、专题讲座模式、外出学习模式和"导师制"模式）、同伴互助模式（包括观课议课模式、师徒结队模式、项目培训模式和年级组培训模式）与自我培训模式（包括达标自学模式、网上培训模式）。

四是在校本培训管理上，坚持做到"四个落实"，即管理组织落实、管理计划落实、管理过程落实和管理评价落实。

校本研修思路的创新，赢来了教师的快速发展。仅两年来，学校有多名教师相继获得"成华区最有影响力班主任"、"成华区教师新形象风采大赛一等奖"、"成华区学科带头人"等荣誉，有1名体育教师被选为国家女子板球亚运会集训队员。

3. 创新教师工作方法，增强教师工作活力。

一是鼓励教师使用现代化教学设施设备。围绕学生"动起来"，我校在成华区教育局的强力支持下，为每个年级配备了1至6套"电子魔板"（其中一、六年级每班还配有一套移动多媒体）、5间网络教室、1个标准网球场，四年级以上每班配置一台可供上网的计算机等。随着这些现代化设施设备的投入使用，教师的工作观念和提升质量路径均发生了很大的改变。

二是支持指导教师合作共建学科"资源包"，分享教育智慧。

三是要求教师变"讲堂"为"学堂"。"新学堂"架构下的课堂教学特别关注"三个强化"，即强化学生自学、强化学生反馈、强化学生训练。以此改变学生的学习状态，注重培养学生的自学能力和创新能力。这样的课堂才是学校所倡导的"好课"。"一堂好课的标准"3条9个字：立意高，氛围好，效果优。

四是教师要允许学生打破班级界限，在同年级内不同班听课学习，包括做学习访问。

三、让家长和社会资源"动起来"，助推学生个性化成长

家庭教育和学校教育就像人的左右手，缺一不可；家庭和学校作为儿童教育的两个重要基地，同样缺一不可。孩子的成长离不开良好的外部环境。为此，学校充分调动家长和社会各界的积极性，开展家校合作、家社合作，让他们"动起来"，实现多方面的优势互补，进而形成强大的教育合力。

1. 探索实施家长资格证制度。

现代社会中，教师有教师资格证，律师有律师资格证。但我们认为，担负着教育子女重任的家长也应该拥有家长资格证。为此，学校通过一系列的家庭教育讲座，帮助家长掌握教育和管理孩子的科学方法，形成对教育问题进行观察、反思的习惯，将科学的教育观念、教育方法深入家长的内心。目前，学校已开展幼小衔接、毕业生家校互动、电子科大教师子女家校联谊、转学生家长恳谈会等多形式、多层次的家庭教育讲座近100场次，各位家长积极参与，对学校的发展提出了切实有效的建设性意见。

2. 创新家校合作机制，落实"三大举措"。

在家校合作的具体实施过程中，我校采取了"三大举措"，将家长"动起来"落到实处。首先，开放课堂，无论哪个家长随时都可以到任何班级进行课堂观摩；其次，定期举行家校恳谈会，通过家长与学校、家长与家长的互动交流，共同为学生的发展寻找好的途径与方法；最后，大力开展形式多样的亲子活动，如开放书库进行亲子共读、外出踏青多元学习、游艺联谊彰显个性等，进而不断增强学生、家长与学校的互动学习与情感交流。

3. 创新师资来源渠道，聘请优秀家长担任"客座教授"与义工。

学校不是社会的孤岛，教师也不能仅限于编制内的人。学校通过邀请一些学生家长与其他社会各界精英参与到学校的教学及管理工作中，进一步加

强家庭、社会与学校的合作，拓宽学校师资渠道。

作为电子科大附小，自诞生之初就得到了电子科大的高度关注与支持，给附小提供了丰厚的教育资源：电子科大外国语学院与附小合作建立英语教育实验基地，为每个班配备大学生英语校外辅导员；电子科大机电工程学院的教授教孩子们制作机器人；电子科大的博士哥哥、姐姐走进附小课堂为孩子们讲故事。同时，还邀请世界网球冠军晏紫的母亲——附小退休教师孟秀梅回到学校，给孩子们讲晏紫姐姐走向成功的故事；邀请央视记者罗宏涛、剑桥大学留学生、中科院科学家以及其他社会各界名流来校，给孩子们讲影响自己成长的故事，帮助孩子们成长励志。此外，学校还聘请一些家长定期到学校担任管理图书室、乒乓球场义工等，让家长在换位体验中，更加了解学校的办学理念，共推学校的发展。

自"新学堂"创建以来，我校更新了观念、创新了体制、改革了课堂、丰厚了课程、开掘了资源，进而使学校的教育教学质量得到了进一步的提高，引起社会各界的广泛关注。我校已经构建起的这一套"新学堂"理论，对当今教育的价值，不仅仅在于与"素质教育"的完美契合，更在于它对学生、教师甚至是整个教育教学行为的解放。

近年来，学校先后被授予"全国和谐教育实验学校"、"四川省现代教育技术示范校"、"成都市义务教育阶段课程改革先进集体"。

我们有理由坚信：只要我们以激情与创新铸造前景，以智慧和成绩回报社会，在科学发展观的指导下，在把成都建设成为世界现代田园城市的大背景下，我们就一定能够把电子科大附小建设成为一所与电子科技大学相匹配的品牌学校，为建设"生态城区、现代成华"，实现成华起飞做出我们应有的更大的贡献！

没有健康，就没有未来

——在区"阳光体育示范学校"检查评估现场会上的汇报

今天，我校被列为首所接受成华区"阳光体育示范学校"评估检查学校，我们倍感荣幸。首先，请允许我代表附小3000多名师生对各位的到来表示热烈的欢迎！对莅临指导的领导、专家们表示衷心的感谢！

近年来，电子科大附小在各级领导的关心关怀下，在区教育局的科学指导下，积极探索和实践全面推进素质教育的有效途径。尤其是认真贯彻落实了中央关于加强学校体育工作、加强青少年体育锻炼，增强青少年体质等文件精神，遵照执行了区教育局"阳光体育示范学校"工作的实施意见，采取了一系列措施，不断提高了我校学生的体育运动能力和体质健康水平。现将我校阳光体育工作分三个方面做汇报。

一、我们的理念——心系健康，赢在习惯

教育的力量来源于一种向善的理想，回顾学校走过的历程，我们一直在叩问："什么是教育？""什么样的学校才是真正的好学校？""我们到底要培养什么样的人？"……

当前基础教育质量存在三个突出问题，即儿童体质健康较为堪忧、情感素质较不乐观、创新想象能力排名世界倒数，这让每个教育工作者不由得深思。通过不断地学习、研讨、实践、改进，我们对教育内涵逐渐有了更深刻更全面的认识，学校结合自身实际，初步形成全校师生认同的有电子科大附小特色的办学理念体系。"动起来，让每个生命更精彩"和"心系健康，赢在习惯"是对学校核心办学理念的基本总结。建设一所能够凸显个性化教育特色、致力于"让每个教师和谐成长，让每个孩子健康成长，让每个家长幸福成长"的"新学堂"是我们的教育理想。

学校明确提出"儿童健康是评价教育质量的第一标准","长得高、立得稳、跑得快、坐得住、看得远、想得通"是评价学生体质健康的基本要求，"儿童健康包括体质健康、心理健康和社会适应性健康"，抓体育工作要坚持求实务虚的工作理念，不仅要强健学生体魄，更要注重对学生进行体育教育以文明其精神，努力致力于培养"身体好、情商高、学习能力强"的"四有新人"是我们的教育目标。

二、我们的行动——动起来，让每个生命更精彩

秉承"心系健康，赢在习惯"的理念，本着为学生终身健康负责的态度，我校把切实加强学校阳光体育工作、增强学生体质作为实施素质教育的重要突破口，促进学生健康成长。通过不断探索实践，我们提出阳光体育运动的主题模式为"三动"。

（一）让教师"动起来"，为促进学生体质健康创造良好条件

首先，改观念。学校倡导"人人都是体育工作者"的理念，加强校本研修，教师每周上一节体育课，鼓励体育教师继续教育培训等活动课程，不断提升教师增强学生体质健康的意识与能力，充分调动教师履职尽责积极性。

其次，跟机制。成立体育工作领导小组并建立学校体育工作联席会议制度，建立和完善增强学生体质健康管理机制，成立师生体质健康工作室，一名副校长专门分管师生养生保健并定期开展论坛活动。

最后，重评价。把学生近视率、感冒发烧、肥胖率等体质健康纳入考核，50分钟阳光大课间以课时的方式纳入到教师年终绩效考核中，关注学生体质健康工作直接与学校评优选模挂钩。

（二）让学生"动起来"，努力促进学生体质健康持续增强

1. 深化班级模式改革，实施阳光体育"走班制"。

在我校4～6年级走班课程中，学生可自主选择体育课程，现开设的体育课程有武术、网球、乒乓球等。课程内容拓展了，班级界限打破了。通过体育走班，学生对体育的学习兴趣更浓了、交往半径扩大了、个性化技能增

强了、综合素养提升了。

2. 创新体育课程设置，丰富体育课程资源。

学校推行"全员乒乓"、"全员网球"、"全员跳绳"、"全员慢跑"等活动课程，极大满足学生的运动需求。提出"心理按摩的主阵地在运动场上"，科学安排，将大课间时间延长到每天 50 分钟。大课间实行课表制（即每月调整一次活动内容，固化为课表，按课表执行，减少随意性）、轮换制（即大操场军姿走跑交替与打乒乓球的班级轮换着进行）并由音乐代替指令。学校还开设了素质课程超市、趣味运动、快乐网球等自主开发课程，举办运动会，让学生在活动中健康成长。

3. 创新学生体育互动机制，倡导学生人人当干部。

每个人不仅要管理好自我，还要通过管理他人为同学服好务。体育项目干部包括：体育课代表，网球、乒乓球、篮球、羽毛球、足球等项目管理员，午餐管理员，指甲管理员，书包管理员等。

4. 创新学生体育评价机制，促进每个学生健康成长。

学校将学生是否"长得高、立得稳、跑得快、坐得住、看得远、想得通"纳入考核。我校大课间评价标准是：一要出汗，二要微笑。2012 年 6 月，学校毕业班学生平均身高达到了 1.53 米。全校学生近视低下率较全国平均水平少了将近 20 个百分点。在新学堂里，学生人人有奖状，个个都自信。

（三）让家长和社会资源"动起来"，切实保障学生体质健康和谐发展

附小很重视家长和社会资源的力量，家长是促进学生体质健康和养成良好体卫习惯的重要力量。学校通过举行"百名教师进千家"、"千名家长进校园"、"家长大讲堂"等活动，家校互动，建立交流沟通机制，切实保障学生体质健康和良好体卫习惯的和谐发展。

我们建立了校园一小时体育活动社会监督机制，学校定时、定点向社会公布学生每一小时校园活动计划安排，公布监督计划，自觉接受社会、媒体和家长的监督，对群众反映的问题要及时核查，并进行反馈，对存在的问题能及时整改。

三、我们的成效：学校的个性化教育特色更加凸显

通过长期坚持阳光体育锻炼一小时活动，我校学生在 2009—2010、2010—2011 年学生体质健康（身高体重）数据对比中，全校男生平均身高增长 2.01cm，全校女生平均身高增长 1.98cm，全校约 3000 名学生平均身高增长 1.995cm。其中高年段学生身高增长效果最为明显：六年级男生身高平均增长 2.27cm，女生身高平均增长 2.04cm。五年级男生身高平均增长 3.12cm，女生身高增长 3.91cm。低、中段学生身高、体重也有一定幅度的提高。全校学生的平均身高通过对比逐年提高。

在短短几年内，"新学堂"建设取得了一定的成绩。"健康第一"的思想已深入全校师生和家长的心中。学校凸显个性化教育的办学特色受到社会各界的广泛关注。特别是去年，中央电视台对学校做的五次专题报道，累计时长 40 多分钟，其中就有关于阳关大课间的报道。

以上是附小的一些探索和实践。虽然我们取得了一些成绩，但是每当谈到学校取得的点滴进步时，我们总忘不了区委、政府领导多次亲临视察、亲切关怀；区教育局领导现场指导工作、解决具体困难；忘不了兄弟部门和单位给予我们的大力支持与帮助；忘不了同样战斗在成华教育这块热土上，关心关注着我校发展，为着成华腾飞、为着教育腾飞而孜孜以求的同行们。

促进每个孩子健康成长是我们每个教育工作者的使命，仍需要我们不断去努力。

（2012 年 10 月 12 日）

让每个老师、每个学生每天都有最好的成长
——成都市 2012 赴英国谢菲尔德市校长访问团考察汇报演讲

2012 年 3 月 19 日—3 月 26 日，由成都市教育国际交流中心主任曹蓓带队，成都市泡桐树小学校长陈杰、郫县第一中学校长鲁曜、成都市东大街二小校长张玉荣、电子科技大学附属实验小学校长康永邦一行五人，作为英国回访

项目团成员远赴英国谢菲尔德市进行为期一周的基础教育考察交流。期间，先后深入了解谢菲尔德市 5 所公办学校和 1 所私立学校，走进校长办公室、课堂、教师休息室、学生活动室，与师生和家长有了零距离接触，进行了面对面的沟通和交流。对英国谢菲尔德市的教育情况、课堂文化、人文风俗等方面有了较全面的了解。而引起我们共鸣的则是这里的教育：以学生为本，因材施教，尊重学生的个性成长。特别是谢菲尔德女子高中（含小学）提出"让每个老师、每个学生每天都有最好的成长"的办学宗旨，让大家感触颇深。

现将考察所获汇报于后：

一、谢菲尔德市的教育概况

谢菲尔德市为英国第四大城市，位于环境美妙且历史悠久的南约克夏郡，固然行政单位上属于英格兰北部，但其地理位置实际上位于英国的中心地带，距离伦敦 170 英里，乘最快的火车两个半小时就到达了。旅游至英国其他地区交通亦相当得体，到曼彻斯特只需五十分钟，到伯明翰一个小时二十五分钟。谢菲尔德市原属一座工业城市，曾以钢铁制造业著称于世，也是英国知名的体育城市之一，具有两支良好的足球队。该市人口五十多万，其中学生人口占了十分之一。谢菲尔德市为学生的学习生存供给了许多方便的条件，且现代化程度极高，民风友好，近两年来连续被评为英国最平安的城市之一。

根据谢菲尔德市教育主管部门提供的资料和有关官员的介绍，全市 2009 年共有 32 所幼儿园和少儿中心，为 3—4 岁孩子提供免费入读，总计有幼儿 12135 名。有 135 所小学，服务年龄段为 5—11 岁孩子，不分性别，每个班平均有 27.3 名学生，有 1810 名在职老师。有 24 所中学，为 11—16 岁青少年提供教育，不分性别，每个班平均有 21.4 名学生，1820 名在职教师，其中有 7 所学校还要延续到 19 岁，专门为参加高考的学生提供教育。有 1 所预科学院、12 所特殊教育学校、3 所学术性院校（据介绍，明年将会有更多的学术性院校），还有几所独立学校（即私立学校）。

二、谢菲尔德市学校的基本特点

考察中，我们发现这些学校的共同点是：办学规模均不大，学生人数偏少；每班配有一位固定教师，1—2位助教，既为学校实施精细化管理提供了可能，同时也更利于因材施教，关注学生的个性成长。

（一）校园文化质朴理性，凸显学生成长足迹

我们发现谢菲尔德学校的布局一般都很简单，校门并不高大，也不气派，有些校园看起来就像普通民宅，开阔又宽敞，操场则是一大片绿地，学生可以自由玩耍。

教室内一般没有励志标语，名人名言和画像也比较少。教室或楼道的墙壁上主要都是学生的成果展示，也有少部分教师和家长的作品。

学校教育恪守以人为本的理念，强调对人的尊重和教育的开放与自由。课间，这里的师生很自由，可以随意吃东西。

（二）教育模式灵活多样，凸显学校个性化教育特色

1.课程多元化，注重培养学生的动手实践能力。

据学校介绍，在英国不管是中学还是小学，除了学校的核心课程外，还开设了很多贴近儿童生活和社会实际的特色选修课程，比如：手工课、表演课、动物饲养课、烹饪课……多元的课程在设置和安排上注重学生的个性发展，开发学生的学习潜能，激发学生的学习兴趣，培养学生的动手实践能力，为学生将来走向社会打下良好的基础。访问的六所学校，都给学生提供了非常丰富的课程。

2.课堂常态化，注重培养学生的情感素质和求异思维能力。

在我们听的所有课中，没有一节课是专为我们准备的，都是教师的常态课。在教学过程中，师生平等对话、平等共处，在一种和谐宽松的氛围中求得相互的进步与发展。教师以民主的精神、平等的作风、宽容的态度、真挚的爱心，平等参与、真诚合作，与学生共享共进。课堂上，教师时刻关注每一学生，尊重学生的需要，不轻易抹煞、扭曲、置换学生的积极性；善待学生的"奇思妙想"，注重求异思维能力的培养。

在听过的一节体育课上，学生被分成若干组，每两人一组，教师让每组学生轮流发球、传球。当我们问这位教师，为何学生要反复做同一个动作

时，这位教师告诉我们：一是锻炼学生左右手的协调关系，二是训练两个人之间的合作关系。在这里，教师没有提及技能目标，而强调的是培养学生的情感目标。

数学课上，教师教授5+8时，学生的回答是多样化的，一是5+5+3=13，二是3+2+8=13，三是5+1+1+1+1+1+1+1+1=13，还有的用小棒一根一根地数，得出13，教师均给予及时的肯定，保护学生的求知欲与好奇心，培养他们求异思维的能力。

美术课上，老师带来一副达·芬奇的临摹作品，要求学生们画出含有达·芬奇作品元素又与这幅画不同的画。这里强调的是，教师没有要求学生模仿作品，而是让他们发挥自己的想象力和创造力，看谁的画与临摹作品最不一样。

在谢菲尔德女子高中学校小学部，我们去访问的老师还与22名学生（年龄在7岁多，共两个班的学生）进行了交流互动。事前该学校老师要求每个孩子准备一个问题。结果现场发现，只有两名学生与其他孩子所提出的问题相同。学生听完来访老师对他们所提问题的解答，就基本可以形成一个关于中国来访老师和所在学校的调研报告了。这些问题是：（1）中国学生几岁入学？（2）你喜欢做校长吗？（3）中国学校下午几点放学？（4）您的学校在中国哪个地方？（5）您每个月收入多少钱？（6）您做了几年校长？（生：您做校长的时间跟您的年龄一样长？）（7）您有小孩吗？多大了？（8）您的学校有多少名学生？（9）您的学生都上哪些课程？（10）每节课时间有多长？（11）学校有校服吗？能给我们描述一下是什么颜色吗？（12）您最喜欢的儿童故事、儿童剧和儿童电影分别是什么？（13）您的学校每班有多少学生？（14）一个年级有几个班？（15）中午学生有饭吃吗？都吃什么？（16）每天学生做作业不？（17）每天早上有体育活动吗？多长时间？（18）学生课间有休息吗？（19）在学校有孩子们的宠物吗？（20）小学是到几年级毕业？

3. 班级设置小班化，注重平等对待每一个孩子，特别关注学困生的成长。

所访问过的4所公立学校和1所私立学校，除私立的谢菲尔德女子高中学校人数相对多一点外，其他每所学校的人数都在200人左右。公立学校里每个班的学生人数尽管比私立学校要多一些，但总人数还是不多，一般都在

28 人左右。教师的授课，每节课一般由 1 个或 1 个以上老师同时进行，其中 1 个老师为主教，其他为助教。教师力求关注每一个孩子，比如篮球课上，学生被分成四组，每个组代表一个房子的名字进行竞赛，其中一个组多出了一名学生，教师就让这名学生当裁判员。

尊重每一个学生，同时又承认个体差异，为每一个孩子设计的内容和难度都有所不同，确保每一个孩子都能自信快乐地成长。

在访问中，我们发现在对学困生进行个别辅导时，在私立的谢菲尔德女子高中学校一般由专职教师负责组织实施。举例来说，一个辅导班中，一位教师辅导一个 8 岁的小孩比较 15 与 17 的大小，这在我们看来确实有些不可思议，甚至觉得小题大做，但是辅导老师却采取了多种办法，让学生理解两个数之间的大小关系，以期达成学校对学生的最低目标要求。

4. 教学方式多样化，注重体验式教学，让学生在体验中获得成长。

教师根据知识的特点，实施体验式教学。组织学生开展各类活动，通过动手操作、自主实践，让学生在领悟、体验、反思、理解的过程中，获得知识。

比如教师在教"红、绿灯"时，带领学生去观察，什么地方设置红、绿灯，红、绿灯在变化过程中，车和行人应该怎么办，以及体验红、绿灯的作用，让学生切身感受，充分理解。

再比如，教师在教"认识容器"时，组织学生向一个带有刻度的容器中倒水这样一个实验，学生通过一节课的操作，最多有两个学生发现容器有刻度，其余均没有注意。之后教师告诉我们，学生是否发现容器有刻度不是本节课的目标，本节课的目标是让学生经历倒水的过程，知道容器可以容纳物体。

我们还听了一节"按摩"课，两个学生先做好按摩的准备，放着轻音乐，按摩的学生问：可以按摩了吗？被按摩的答：谢谢！可以了。结束时，按摩的学生说：先生，你感觉可以吗？被按摩的答：太舒服了，谢谢你的服务。这节"按摩课"，教师没有生硬地讲按摩的作用，而是让两位学生亲自体验，敢于尝试，既获得了知识又进行了社会生活的体验。

5. 教师任课"综合化"，爱岗敬业恪尽职守，注重培养学生的综合素养。

在我们考察的学校中，其中一所公办小学全校共计 160 名学生，20 名老师。教师包班上课，一般一年轮换一次。学校老师介绍，这里的任课教师人数不多，每个班配有 2—3 名教师，其中一位是固定教师，还有 1—2 位助教，教师都是包班上课，要教授所有学科。

在交谈过程中，我们发现教师虽然工作比较辛苦，但是不计较、不抱怨，发自内心热爱教育事业，恪尽职守，用心对待每一个学生。每每有学生上来打招呼，他们都面带微笑，俯身看着学生的眼睛，有时听到或看到有趣的事情，还会开怀大笑起来。我们认为，教师能俯下身子与学生谈话，虽是一个细节，却充分体现了教师的仁爱习惯和文化内涵。

在教学过程中，每位教师都非常注重对学生的爱国主义教育，学生对国家有强烈的认同感和荣誉感。记得学生向我们提问的时候，一个学生问我们是否信仰宗教，学校是否开设了宗教课。他们告诉我们，他们要开设宗教课，信仰、热爱自己的国家。再看他们的班级，学生不同肤色，不同国家，坐在一起是那么融洽、和谐，可见学生具有国际视野下的包容心态。

我们看到，每个访问学校都单独设有爱国主义教育处，专门负责对学生进行爱国主义教育。

（三）学校管理务实高效，凸显以人文本的治校理念

我们所访问的谢菲尔德女子高中（含小学）提出"让每个教师、每个学生每天都有最好的成长"的办学精神，尊重学生，尊重教师，处处体现了英国教育"以人为本"的理念，强调对人的尊重和教育的开放与自由。当我们问谢菲尔德女子高中的校长，该校的办学目标是什么时？这位校长解释说："高品质的教育和高品质的领导团队。"

考核学校的标准一般只有四条：学校学生在 11 岁时参加政府组织的统一考试时的学业成绩情况、学校整体管理情况、家校合作情况和学校安全与教师对学生有无使用暴力情况。

在谢菲尔德女子高中学校，校园环境和教学设施都是经过精心设计的，比如学校的体育设施都包有保护膜，防止学生因撞击受伤，这是"以人为

本"的一个具体体现。

学生每天早上九点钟上课，下午三点半放学。教师一般在八点半前到岗，进行课前准备。

作为访问教师，我们也必须遵守学校的规章制度，每天出入学校佩戴挂牌、签到，否则将被拒之门外。

学校管理注重制度建设，更新后的制度一般都贴在教师日常活动场所，由教师自己学习。

学校对领导团队的要求也非常高，尤其是对新提拔的领导有非常严格的培训考核制度。其培训项目是：

新提拔领导培训项目

谢菲尔德女子高中学校的中层领导发展计划将于 2012 年夏季学期实施。此次培训针对所有科室主任、年级组长及所有有志于向领导岗位发展的教师。

培训将分六个阶段进行（每半期一次，时间为下午 3:30—5:00），所有参培人员至少要有四人参加。每次主题讨论都会有附加材料、团队工作机会、经验分享、领导培训及主题项目也会有相应的文字材料支撑。如果您想参与此次培训请在复活节前联系 Nina Gunson.

第一阶段（2012.4.26，星期四）做好准备，内容包括：学校前景与发展先机分享，核心领导层与管理经验。

第二阶段（2012.6.13，星期三）使用评价数据，内容包括：学生分班与学业表现标志，正确认识学困生与领导干预。

第三阶段（2012 秋季，学期第一半期，时间待定）教与学，内容包括：推广优秀经验，学业评价，差异、挑战与支持。

第四阶段（2012 秋季学期第二半期，时间待定）质量保证，内容包括：教室观察，工作监督，学会走路，收集学生的意见。

第五阶段（2013 春季学期第一半期，时间待定）交流，内容包括：指导／培训，开有效率的会，进行困难的对话。

第六阶段（2013 春季学期第二半期，时间待定）评价与计划，内容包括：自我评价模式，目标设定与监控，领导策略与应变能力。

谢菲尔德学校比较注重教师对家长的家庭教育指导。如，EYFS 是英格兰政府以"给父母最好的选择、给幼儿最好的开始"为宗旨，提出的一个教育方案，此方案在 2008 年 9 月被正式纳入英格兰的法制中。EYFS 的目标是：给所有 0—5 岁的幼儿提供一个连续的发展与学习体系，使他们在生活中获得更多更好的发展机会，让每个幼儿都能在将来成为身心健康、拥有安全感、成功和快乐的人。此方案包括了六个幼儿学习领域：①个性、社会性与情感；②交流、语言与书写；③解决问题、推理与数理能力；④对周围世界的认识；⑤身体的发展；⑥创造力的发展。同时，就教师应该如何去认识各领域的学习对幼儿发展的意义以及教师如何进行指导，提出了具体的要求。

三、考察感悟及建议

考察归国，思绪万千，我们深感教育的责任任重而道远。

与英国教育比较，我们的学校也有自己的优势：知识的难度性、超前性和深度性对学生智力开发和知识结构的培养是非常有益的；知识结构比较系统、全面，重视对基础知识的传授，学生基础知识非常扎实，具有很强的集体意识和责任意识，在基础教育方面表现着明显的早会；我们每个班的学生人数多，人气旺，有利于学生之间的平行教育；我们的学校还重视对传统文化的建设……

发掘优势，同时对比不足，我们的教育重视基础知识，而英国的教育重视发掘学生个人潜力；我们的学生用知识解决知识问题的能力很强，具有较强的抽象思维和理性思维，但用知识解决生活问题的能力相比英国的学生还有一段差距。

根据 3 月 19 日—3 月 24 日，成都教育代表团在谢菲尔德市进行短期访问，并与谢菲尔德市教育官员及校长们热情交流，就今后两市教育交流活动，成都市提出以下建议：

（1）谢市签约学校要积极推动汉语及中国文化教学发展；成都签约学校要积极推动英语及英国文化教学发展；

（2）谢市签约学校与成都签约学校建立交流与紧密的教学合作关系；

（3）两市签约学校鼓励学生进行书信交流，开展语言实践，力争取得显著的学习效果；

（4）两市每年举行一次"友城文化周主题活动"，即在蓉举办"谢菲尔德文化周"活动，在谢市举办"成都文化周"活动；

（5）成、谢两市签约学校本着有利于教学的原则每年互派教师到友城交流访问；

（6）成、谢两市签约学校本着有利于学生的原则每年互派学生到友城交流访问（冬季一次，夏季一次）；

（7）在成、谢两市友城框架下，指定在成都市教育局领导下的成都教育国际交流中心作为签约项目总联络协调机构。

2012 年 4 月 5 日

附件：

政府划拨教育经费的依据

在考察期间，被访问学校向我们提供了英国谢菲尔德市政府关于学校的拨款资料。英国谢菲尔德市政府根据学生人数和所处的学习阶段作为给学校拨款的依据，按年给学校拨款支持。情况如下：

政府拨款标准

阶段	单位价值（即每人每年拨款金额，单位：英镑）
幼儿园（保育院）	2348.26
幼儿园	2448.94
4—7 岁	2403.87
7—11 岁	2410.38
11—14 岁	3664.51
14—16 岁	3810.78
特殊教育学校	3908.08

● 校长寄语集锦

关 于 学 习

学习犹如登山，需要一种精神，一股士气，需要有顽强的毅力。

学习内容是多元的，首先要学习为人处世。"人所以立，信、知、勇也。"

今天的学习状态决定明天的生存质量。

有梦的孩子才有希望

心有多大，舞台就有多大。梦想是前进的灯塔，能最大限度激发人的潜能。没有梦想的人就如同失去双翅的鸿鹄，再也无法展翅高飞。

成功永远属于有梦想的人，带着梦想上路，你就会忘记路途的遥远和沿途的劳累。世界上最快乐的事，莫过于为理想而奋斗！

愿全校每个小朋友都有自己的梦想，并为实现自己的梦想而刻苦学习、积极锻炼，努力使自己成为有理想、有道德、有文化、有纪律的"四有"新人。

凡事都要讲究方法

"方法是能力的核心因素。"

一个人要想增强自学能力、自治能力、创新能力、思维能力、表达能力、交往能力、实践能力……不讲究科学方法那是不行的。

一个会学习的人总是善于借鉴、总结并不断创新和优化学习方法。好的听课方法、自学方法、观察方法、记忆方法、复习方法、思维方法、合作方法等，对每个人的学习都很重要。无论学什么，好的方法总能让我们获得事半功倍的效果。

每个人都是不一样的，只有适合自己的学习方法才是最好的方法。找到了最好的方法，就能增强我们的能力。

心系健康 赢在习惯

"健康是人生第一财富。"没有健康，就没有未来。

"习惯是一种顽强而巨大的力量，它可以主宰人的一生。"

健康和习惯有着密切的联系。做任何事，都应该首先想到健康，包括生理和心理两个方面。"播种行为，收获习惯。"好习惯是管理出来的，需要持之以恒地坚持。

"新学堂"里的每个人都应该养成良好的锻炼习惯，学会安排锻炼时间、掌握锻炼技巧、坚持常年运动等；养成良好的习惯，学会倾听、自学、复习、反思、动手实践等；养成良好的思维习惯，学会联想、联系实际、比较、转化等；养成良好的生活习惯，学会自理、保健、珍惜时间、与别人共同生活等；养成良好的交往习惯，坚持诚信待人，学会文明、礼貌、感恩、合作等。

让我们胸怀理想，注重细节，共同让"心系健康，赢在习惯"扎根在每个附小人的心里。

让微笑成为习惯

有人说，知识改变命运。但我们认为，改变命运的是情感和思维。微笑不仅是一个人良好情感的反映，更是良好思维方式的体现。

微笑是一种修养，是一种境界，更是一种能力和责任。我们每个人要微笑面对学习和锻炼，要微笑面对他人和自己，始终保持一颗善心，让世界因为有了我而使他人更加幸福。

一个优秀的人，应该学会时时微笑，处处微笑。让微笑在不知不觉中成为一种习惯。让我们一起践行"心理健康，赢在习惯"的理念，愿全校师生都能保持健康的心态和微笑的习惯，做一个健康、自信、快乐的人！

读万卷书　行万里路

读书明智，见多识广。

读书决定一个人的修养和境界，要想升华智慧成就人生，必须多读书、读好书。书应该成为每个人的终生益友，我们要有选择地读书。温家宝总理说过，"要读那些有闪光思想和高贵语言的书，读那些经过时代淘汰而巍然独存下来的书。这些书才能撼动你的心灵，激动你的思考。"既要博览群书，还要善于取其精要，融会贯通，学以致用。

我们不仅要读书，而且要实践。"行万里路"就是一种实践，其实也是另一种形态的"读书"。中国古代伟大的医学家和药物学家李时珍、地理学家徐霞客等先贤都靠"行万里路"写出了宏伟巨著,取得重大发现。因此,我们每一位"新学堂"人要以先贤为榜样,养成"行万里路"的良好习惯,走进大自然与社会大课堂,去增长见识,开阔视野,丰富智慧。

让"读万卷书,行万里路"成为我们的终身习惯吧!

学会与别人共同生活

温家宝总理说:"学生不仅要学会知识,还要学会动手,学会动脑,学会做事,学会生存,学会与别人共同生活,这是整个教育和教学改革的内容。"

当今社会,竞争与合作并存。只有学会与别人共同生活,并能够为自己和别人的生存创造更大的空间,才能够更好地融入社会,成为一个"让世界因为有了我,他人更加幸福"的人。

学会与别人共同生活,需要做到与人为善,仁者之心,礼仪之举,诚心地对待每一个人;需要做到成人之美,助人为乐,吃亏是福,智慧地对待每一个人;需要做到常怀感恩之心,感恩亲友,感恩对手,宽容地对待每一个人。我们还需要做到看问题一分为二,难得糊涂,辩证地对待每一个人和每一件事,学会用平等对话、协商交流的方法处理矛盾,解决问题。

学会与别人共同生活是一种能力,是一种境界,更是一种责任和义务。愿每个附小人都能学会与别人共同生活!

幸福是一种能力

著名教育家苏霍姆林斯基说:"教育的理想就在于使所有儿童都成为幸福的人。"

每个人都可以有让自己幸福的力量,每个人也都能通过修炼而使自己更加幸福。幸福不仅是一种体验,更是一种能力。

幸福需要有健康的身体。健康是人生第一财富,没有健康就没有未来。要养成良好的生活和锻炼习惯,学会科学生活、科学锻炼。

幸福需要有阳光的心态。要有大善的人格,善待一切人和事,凡事都往好处想,以欢喜的心想欢喜的事。让微笑成为习惯。

幸福需要有远大的志向。心有多大,舞台就有多大。成功永远属于有梦想的人。要努力成为一个"让世界因为有了我而使他人更加幸福"的人。

幸福需要有科学的方法。"方法是能力的核心因素"。要善于借鉴、总结并不断创新和优化学习的方法、锻炼的方法、与他人共同生活的方法等。找到了适合自己的方法，就能提升自己的幸福指数。

获得幸福与感受幸福都是一种需要磨砺和培养的能力。愿"新学堂"里的每个人都能拥有让自己幸福的能力，成为一个幸福的人！

让阅读成为习惯

"读一本好书，就是与一个伟大的人对话。"经常读好书，就是经常与伟大的人对话！

读书决定一个人的修养和境界。

我们每个人都要养成阅读的习惯。坚持多读书，读好书，从阅读中丰富学识，激励意志，磨炼性格，陶冶情操，升华智慧。

"方法是能力的核心因素"。阅读同样要讲究方法。孔子有"学思结合法"，朱熹有"三到法（即要心到、眼到、口到）"。边阅读边猜想，边阅读边联系实际，边阅读边总结反思等，都是很好的阅读方法。只有掌握了方法才能提升自己的阅读能力，才能融会贯通，学以致用。

阅读习惯的养成，于己是个人修身益智的终身大事；对于一个国家、一个民族，则是关系国家前途、民族命运的国家大事。

世界属于真正爱阅读的人。

放眼未来　做最好的自己

每个人都是一个世界，完全特殊的、独一无二的世界。只有相信自己"天生我材必有用"，正确认识自己，发现自己的独特和可贵之处，才可能走进这个世界。

要让走进的这个世界变得非常美好，每个人就必须不断地发展自己，从现在开始就做最好的自己。

第一，身体要好。健康是成长的基石，有健康才有未来。保持平和心态，保证充足睡眠，坚持适当运动，注重均衡膳食是获得健康的四大基本路径。每个小朋友都应力求"长得高、立得稳、跑得快、坐得住、看得远"。

第二，情商要高。情商是成功的关键，影响性格和命运。责任感强，与人为善，成人之美，常怀感恩之心，诚实守信，善与他人共同生活等，是情商高的表现。作为小朋友，要想情商高，首先要"听话"，俗话说"不听老人言，必定受饥寒"。其次是尽力做好每件事。

第三，学习能力要强。学习能力是衡量一个人发展高度的标志。人与人之间的差距根源在于学习。只有强化学习意识、优化学习方法、改善思维方式、坚持学思结合才能增强学习能力。作为小朋友，要端正学习态度，自觉养成乐学、勤学、博学、多思的学习习惯，不断厚实自己的学习基础。愿"新学堂"里的每一个人都能放眼未来，做最好的自己。

管住自己　立志成才

习近平总书记说，"中国梦"的实质是"实现国家富强、民族复兴、人民幸福"，归根到底是人民的梦。

为实现伟大"中国梦"，建设一所"让每个孩子健康成长"的"新学堂"是每个附小人的梦想。在"新学堂"里，"让世界因为有了我，他人更幸福"是每个人的自觉追求，"管住自己，立志成才"是每个孩子实现梦想的基本路径。

有梦想的孩子才有希望。一个人要实现自己的梦想，没有严谨务实的管理是绝对不行的。管理的最高境界是自我管理。自我管理的基本目标就是"管住自己"。

要管住自己的脑，想该想的事情，善于观察与思考，优化学习方法，不断增强自己的学习能力；要管住自己的心，与人为善，专心致志，增强责任感，不断提高自己的情商；要管住自己的脚和手，与运动交友，安全第一，增强体魄，不断提升自己的身体素质。

一个能管住自己的人，就一定能够养成良好的生活习惯、学习习惯、思维习惯（尤其是联想、比较与转化）、交往习惯和锻炼习惯，就一定能够养成"吾日三省吾身"的反思习惯，"见贤思齐焉，见不贤而内自省也"。好习惯是管理出来的，需要持之以恒、坚持不懈。不能管住自己，就不可能走向成功。

愿"新学堂"里的每个小朋友都有"管住自己，立志成才"的意念和决心，都能为实现伟大"中国梦"做出自己应有的努力。

让勤快成为习惯

勤，是创造幸福和获得成功的源泉。自古以来一个有成就的人无不与"勤"结缘。爱因斯坦说，成功就是百分之一的天赋加上百分之九十九的汗水。

"攻崇惟志，业广惟勤"、"一日之计在于晨，一年之计在于春，一生之计在于勤"、"一勤天下无难事，功夫不负有心人"等都是"勤"的最好诠释。

飞速发展的时代，要求每个人无论学习、劳动还是做其他事情，除了"勤"字外，还必须要有效率，这就需要坚持一个"快"字。机不可失，失不再来。"快"显境界，"快"能生智，"快"有助成功。

做事要"快"，就必须讲究方法，方法是能力的核心因素。"勤快"不仅是一种态度，一种习惯，更是一种能力。

"勤快"已是时代赋予我们每个附小人的光荣使命和责任。勤在当下，赢在未来。愿每个附小人为实现伟大"中国梦"，都能成为一个"爱学习、爱劳动、爱祖国"的勤快人！

附录二：《人民教育》特别报道

让教育梦一步步落地
——四川省成都电子科技大学附属实验小学办学特色纪实

2005年，一次高规格的小学数学专题研讨会在成都举行。

礼堂里挤满了来自全国各地的2000多名教师、校长和教研员。他们对北京第二实验小学华应龙、清华大学附小钱守旺等几位特级教师翘首以待。

按日程安排，6位示范课执教者中，康永邦是最后一位。"我要珍惜这个话语权，我要通过课堂教学的方式发出自己的声音。"

但事情的发展并不像他想的那样！

当第5位老师的课结束时，令人尴尬的一幕上演了——听课者纷纷站起，开始离场。

情急之中，康永邦抓起了话筒："老师们，请稍等一等，下一节是我上课，我想尝试让自己的教育梦在课堂中落地。"

"促进每个孩子健康成长是教育的最高理想。也是我多年来的一个教育梦。现实却把教育扭曲成一个为应试为功利的狭窄通道。这是一种残缺的教育，扭曲的教育，不负责任的教育！如何让教育梦落地，是我一直探索的问题。一节课虽有局限，但我愿意大胆尝试，把促进人的成长落实在每一个教学环节中。"

8年前，新课程还在各方争论中举步维艰，康永邦的观点震撼了会场，离开的教师纷纷回到了座位上。他们看着这位貌不惊人的年轻人，直到深深沉醉于他和一群孩子共同创造的关于《百分数的意义和写法》精彩教学艺术中。

紧接着，陆续发生了与康永邦和他工作的成都电子科技大学附属实验小学（以下简称"电子科大附小"）相关的几件事情，震动了成都市基础教育领域：把儿童健康作为评价学校教育质量的第一标准，实施家长资格证考试制度，试行个性化课表和"走班制"教学……

中央电视台、《人民日报》、香港《大公报》、凤凰网等众多媒体来了。通过报道，很多人在了解电子科大附小的同时，也记住了校长的名字——康永邦。

"小学就是播种的季节，老师就是播撒种子的人。"

康永邦的经历简单却又有几分传奇色彩。

数学教师——数学教研员——竞争上岗任中学校长——调任电子科大附小校长。康永邦从大山中一步步走到大都市，然后在短短的6年中，让一所连招生都很困难的子弟小学华丽转身，背后有什么样的故事呢？

在一个银杏树金灿灿的季节，我们走进电子科大附小，见到了康永邦。黑白相间的短发，稍显宽阔突兀的额头，让人想起孕育他的那片大山上的岩石。一开口，略带川味的普通话，直接开朗，话里燃烧着他对教育火一样的激情。

"我希望，我们的学生有强健的体魄，能担当责任；有能力推动社会良性发展；有独立思考、善于应对复杂性和不确定性的头脑；有自由、平等、民主、守法的公民意识和高尚的人格；有合理的知识结构、科学的思维方式；还有勇于创新的胆魄、躬身践行的能力。"

"或许我把小学教育的能量估计过高。但我想，每一株参天大树都需要一粒种子。小学就是播种的季节，老师就是撒播种子的人。"

康永邦说，自己现在所有的努力，就是让教育梦——落地。

然而，校长往往在理想与现实的夹缝中生存，左冲右突，不是一件易事。

"很多家长在心灵深处，已把'时间的积累＝考试知识的增长＝高分成绩＝一流的大学＝体面的职业'当成铁律。在减负、素质教育、课改等方面，都与学校存在观念交锋，给校长和学生施加许多压力。"

"社会日益功利化，导致学校被多种利益链条缠绕：机构的政绩、社会办学团体的利润、教辅资料的推销、竞赛组织的生存、以分数为目标的合同制辅导……都让学校处在各种利益博弈的风口浪尖上。许许多多股无形的力量，把校长一些美好的教育理想阻隔在空中，想让它实现，很困难。"

康永邦眉宇间掠过一丝无奈。

一、"第一标准"——为了儿童的健康

让教育梦落地的困难，康永邦上任电子科大附小的第一天就感受到了。

2007年9月，康永邦就任后的第一个开学典礼。短短30分钟的时间，竟然有近20个学生脸色苍白、站立不稳，先后被老师扶到主席台后面去休息。

"这样弱不禁风的孩子，学习能力从何来？凭什么来持续发展？能靠他们撑起民族的脊梁吗？"那一夜，康永邦陷入深深的思考而不能入眠。

思考的结果是，要拯救孩子的健康，必须从具有导向作用的评价机制入手，将其纳入教师的绩效考核。而且要把儿童健康作为评价学校教育质量的第一标准！

为了把这个"第一标准"落到实处，康永邦带领全校教职员工打造了三个保障：

1. 制度保障。

将学生是否"长得高"、"立得稳"、"跑得快"、"坐得住"、"看得远"、"想得通"、"处得好"纳入教师绩效考核的第一项。学校还成立了师生体质健康工作室，负责对全校师生体质情况实时监控。

2. 物质保障。

完善各种体育设施，全校有两个塑胶运动场，一个标准网球场，每个学生有一只乒乓球拍，一根跳绳。全校乒乓球桌已达300张，墙角下、大树下、花坛旁，到处都精巧有序地安放着乒乓球台。《人民日报》一位记者惊叹"这是一个奇迹，简直可以申报吉尼斯世界纪录了！"

3. 时间保障。

除正常的体育课、课外活动外，全校大课间活动延长到50分钟。经过精心计算，学校发现原来大课间活动只有30分钟不够用。为什么呢？因为学生下楼、上楼各需要6分钟，再留给学生上洗手间8分钟，这样只剩下10分钟左右进行锻炼。延长后，可保证学生有半个小时的锻炼时间。

大课间开始了，康永邦带着我们来到了操场上。

健美操、武术操、集体循环跑……惊天动地的脚步跳跃而来，激昂的喊叫山呼海啸般的震撼，一阵活力扑面而来。

紧接着的自由活动，让人仿佛听到了生命的拔节之声。操场上，上千名师生或跳绳，或打网球，或打乒乓球，呼喊声、欢笑声响成一片。

一时间，学校里活力四射、生机沸腾。看着心态阳光、体魄健壮的孩子们，康永邦脸上散发出光芒来，他大手一挥："这就是希望，这就是民族未来的脊梁，这些孩子们担当得起！"

"第一标准"实施不久就成为热门话题。赞成的、抨击的、质疑的、担心的，不同观点碰撞得火花四溅。有些家长认为运动时间长了会耽误孩子的学习，夏天怕孩子晒黑了，冬天怕孩子吹病了，运动强度稍大又怕孩子累了。还有的家长要求学校增加课时和作业，减少活动时间。

然而，康永邦坚持着。他说，青少年一代体质、综合素质持续下降，意味着种族退化！而对牺牲孩子健康去换分数的现实麻木不仁，这才是中国教育的最大隐患！

电子科大附小的坚持换来了这样一份数据：以 2012 级毕业体检和小升初考试成绩来看，电子科大附小的学生平均身高 1.526 米，比全国 12 岁学生的平均身高高出两厘米，近视率较全国同级学生低，因感冒缺课学生不足 3%。

数字是枯燥的，但它却有力地证明，康永邦的健康教育梦开始实现了。

二、一张"家长资格证"把家校联系起来

要实现教育梦，离不开"家校共育"。

康永邦曾对全校学生的家长说："有多少家教缺失的家庭，就有多少问题学生。教育与自我教育，学习与自我学习是每个现代人一生的必修课程。"

迄今为止，电子科大附小已经建立起家校共育 10 项制度。其中，"家长资格证考试制度"被媒体广泛报道，2010 年还被一位人大代表写入提交全国人大会议的建议案中。

什么是"家长资格证考试制度"？按照电子科大附小的试行计划，学校

把家长按年级和班级分班，学校安排固定时间组织家长集中学习。每学年学校请一批各领域的专家对家长进行培训，内容涉及儿童教育心理学、生理健康、家庭教育、行为习惯等多个方面。

经过一学年学习后，学校组织家长参加"家长资格证考试"。家长参加培训的次数、笔试成绩、面试表现都将列入考核成绩当中。综合成绩达到60分，才能拿资格证。

而不合格的家长，学校还要再组织学习和补考。已经获得证书的家长也不代表就此解脱了，他们仍然要定期上课，每学年还要进行年审。

对于"家长资格证考试制度"的意义，康永邦看得很清楚，一方面是为了让家长知道教育孩子的正确方法，做一个好家长。毕竟"孩子的性格塑造需要学校和家长的共同努力，家长是孩子的第一任教师，'家长不教而教，孩子不学而学'，家长的一言一行都影响着孩子"。因此对家长进行培训和考试，非常有必要。

另一方面，则是为了把学校的改革理念正确地传递给家长。学校改革如果得不到家长的支持，很容易陷入改革的泥淖，止步不前。

实施"家长资格证考试制度"两年多来，有两件事让康永邦感动。

第一，电子科大一位老教授将参加家长培训的笔记给康永邦看，他说，你讲的那些家教观我记下了，我要说给我的博士生听，对他们有用。特别是你指出的家庭教育的问题"物质满足多、精神给予少、成绩关心多、心理指导少"很有现实意义。掂量着沉沉的笔记本，老教授朴拙刚劲的字迹让康永邦的眼眶湿润了。

第二，还有几位电子科大的老师把孩子转回了电子科大附小，他们说，小学教育就该这样，顺应儿童天性，痛痛快快地玩，认认真真地学，健健康康地成长！

一张小小的"资格证"，把家长真正请进了学校，家校共育的梦想开始着陆。如今，得到家长认可的电子科大附小，迅速地由一个校区发展到三个校区，由1000多名学生发展到3000多人。

三、不是"官本位",是"小公民"

几年前,电子科大附小的一项措施引发了全城热议:学校近 3000 个学生,人人都是班干部。

方案一出,有人马上批评电子科大附小,这不是从小给孩子灌输'官本位'思想吗?

康永邦回应道:"这是一种误读。"

电子科大附小的初衷是,通过这项制度让所有的孩子都享有公平参与班级管理的权力,学生自己制定规则,必须承诺自觉遵守,通过民主程序投票选举班委。在这个过程中,培养孩子的权力意识、公正意识、民主意识、自治意识、规则意识、责任感等,而这些都是合格公民应该具备的素养。

"我的理想是,通过改革把班干部制度变成一种育人的机制。"康永邦对有疑问的人解释说,在电子科大附小,与其说人人都是小干部,不如说人人都是小自愿者、小义工、小服务员、小公民更为恰切。

为了让制度设想得到落实,电子科大附小的孩子们在老师的指导下,梳理出班级内外的事务管理岗位,如图书管理员、讲台管理员、节能管理员、清洁管理员、绿化管理员、礼仪管理员等几十个细分岗位,再将岗位分为三类,第一类为专任组长,第二类为事务组长。这两类主要由个人自荐,举手表决,每周轮换一次。第三类为竞聘岗位,主要是传统意义上的劳动委员、学习委员等,采用任期制、选举制、淘汰制。需要通过竞选演讲,无记名投票等程序,才能当选。任期内不负责任者,可全班投票罢免。

如今,走进电子科大附小,每个孩子都有自己的岗位,都可以在自己的岗位上为学校、为同学尽一份力,发一分光。

在教室里,讲台这一区域就有 4 个管理员,分别负责擦黑板、拿粉笔、整理讲桌以及在放学后清理粉笔槽。开关灯也有两个管理员,开灯的叫照明管理员,关灯的叫节能管理员。这些"班干部"管的并不是人,而是具体的事务。说他们被赋予了"干部"的"权",倒不如说是细化了他们管理具体工作的"责"。

一位学生的妈妈告诉记者,她十分支持班干部制度的改革。她的孩子之前也竞选过班干部好几次都没成功，情绪很低落。"班干部名额总是落到几个'尖子生'身上，大多数普通孩子没有平等的锻炼机会，容易自暴自弃，严重的还会被边缘化，成为问题学生。"学生的妈妈总结说。

现在，这位学生当上了班里的"小秘书"，那是一个将作业内容写在黑板上的服务岗位。孩子特别高兴，每次从老师那里领到了任务后都很认真地完成。同学对他的评价高了起来，孩子也收获了自信和快乐。

"人人有事做，事事有人做"，让每个学生都感觉到自己的重要性，从而培养他们的责任心和服务意识，公民教育梦正是起始于此吧！

四、"再远大培养目标，也需要从一点一滴做起"

"促进每个孩子的健康成长，最终还是要落实到课程上。"阳光透过窗棂，流泻在教室里，让人感到阵阵温暖。

康永邦给我们看学校的课程表。分为基础性、选择性、综合性3大类17个系列上100种课程！

近几年来，电子科大附小以扎实的课程改革和丰富的综合性活动课程享誉业内外。然而，康永邦并不止步。改革愈深入，他的思考越尖锐："关注共性的基础课程和关注个性的选择性课程如何协调？""一个教师面对45个孩子，在有限的40分钟内，怎样因材施教、怎样实施个性化教学？"

在康永邦的带领下，电子科大附小的改革走向纵深。

1. 个性化课表与走班制教学。

附小将自主开发的36门特色课程组成"学生素质课超市"。上午为"定班"教学，以国家基础课程为主，下午为"走班"教学，以学生从"超市"选择的特色课程为准。以四年级为例，上午6个班，下午变成62个班；课程由原来的8门变成了36门；同班同学由原来的50多人变成300多人。每个学生在老师和家长的帮助下，根据自己的兴趣自主选课，都有一张个性化课表。

走班制教学打破了传统班级界线，扩大了学生的交往半径，全面发展与个性化发展和谐统一。个性化课表，让教室敞开了大门，让儿童个性得到张扬，让"因材施教"的古老法则在现代学校中得到崭新的演绎，并引导儿童把目光投向课本之外的广阔世界。

"电子科大附小这个改革很好，开创了成都小学教育课程和班级教育模式改革的先河，实现了学生发展的个性化和多样化，是教学方式和教学平台的一个积极变革。"一位专家如此评价。

2. 望远处的目标，走脚下的路。

电子科大附小明白，进入课堂这个核心区域后，需要直面现实，需要为众多细微的问题求解，走好脚下的路，才能最终实现"让每个学生健康成长"的梦想。

为此，电子科大附小的教师们寻找出课改中众多细微的问题，如学习行为的多种动机、学困生的转化、惯性思维的克服、整体性与复杂性、教材的学习与超越……再分学科、分专题、分小组逐一破解，并将典型案例、教学反思、教研论文以学报的形式汇集成册，形成经典的校本解决方案。

这其中，就有康永邦的一个教学案例。

当时，康永邦任教的五年级一班转入一个来自雪域高原的男孩子，入学时，数学成绩 7.5 分，仅答对了三个判断题。家长介绍，这个孩子还爱凭力气大欺负同学。

第一次见面，这个孩子说："康老师，我数学成绩很差，有些老师不收我，你让我到班里来，谢谢你。"说完，他低头不语。康永邦拍拍他的肩膀，笑着说："这么帅气的男生，怎么能不收呢？听说你篮球打得很棒，我们班正缺篮球队长，老师看中你了！"

男孩子的脸上掠过一阵惊喜。"不过，老师有四个要求。"康永邦抓住时机，和他击掌为誓：第一，考试成绩咱们保密。篮球场上你那么勇敢，那么灵活，数学也一定能学好。你带球队训练前，先量一量篮球场的长与宽，算一算它的面积再记下来。球队第一次练投篮时，每人投 10 次，各投中几次，用分数表示，记下来交给我。你是队长，得亲自记录、算清楚。第二，上课时要听清楚老师提出的问题，无论会不会答都要举手发言。坚持完成作业，不会的，老师同学都会帮助你。第三，不能欺负同学，要和大家交朋友。第四，期末一定要获学习进步奖。

听完四个要求，孩子的神情立刻"多云转晴"。他抬起头，对康永邦说：

"行！"

期末，这个学生数学考了 35 分，增幅全班最大，获得全班进步奖第一名。一年后数学考试上升到 67 分，达到合格水平。

"再远大的培养目标，也需要从一点一滴去做啊。"提及这个案例，电子科大附小的教师很有感触：接受学困生，让他感受到善意；成绩保密，让他在班里有尊严；夸奖长处，树立他的自信；测量球场，让他感知生活中的数学，促进兴趣迁移；和同学交朋友，争取同学的帮助，实现合作学习；发给进步奖，体验成功的欢乐，增强后续学习的动力——教育教学所有的奇妙不正蕴含在这些点滴之中吗？学生的改变不也孕育在这些点滴之中吗？

如今，电子科大附小的教育理念已得到社会的认同。学校的教育质量不断提升，美誉度持续增长。每当新生入学登记前一晚，校门外总会排起长龙，通宵达旦。

站在生机充盈的校园里，康永邦一字一句地说："实现教育梦，需要智慧，需要创新，更需要落地的策略和务实的作风。"

他的身边，孩子们奔跑、跳跃，晶莹的汗珠，飘动的红领巾，构成一幅最美的画面。

（原载《人民教育》2013 年 23 期，作者张鸥，责任编辑李帆）

后 记

到今天为止，我在基础教育领域已经工作 30 年了。回望走过的路：小学—初中—高中—中师—专科—大学本科—北师大研究课程进修班；小学教师—县教研员—区教研员—初中校长—九年制校长—国际高中执行校长—区教师进修校（含区教研室）党支部书记兼附小校长。庆幸自己的教育人生，似乎一个环节都没落下，感谢生活给了我这一段丰厚而有价值的阅历。

客观地说，当初选择师范专业有几分理想化的追求，更有几分迫于生存压力的无奈。在我的家乡南江县实验小学当教师教语文、数学的四年中，我真真切切地感受到什么是学生，什么是教师和学校，并从新的视角重新审视教科书中关于教育教学的理论。特别是我的那些学生们，是他们让我懂得了人、人性和人的成长的复杂性并唤醒了我求索育人奥秘的兴趣。于是，我沉了下来，一边读书，在学术的汪洋大海中浸泡；一边教书，在实践中摸爬滚打，同时动笔写一些读书笔记，点滴教学经验或突发的思想火花，不知不觉中，教育成了我愿为之终生奋斗的事业。

当校长的这些年，因工作的关系，视线开始从教室延展到更为广阔的领域。肩上的责任使我从多维度去认识学校教育的本质，制定学校的发展策略，培育学校的特色化并在激烈的竞争中创建优质的学校品牌。在探索的过程中，自然有一些想法，有一些体验，还有一些困惑与教训。朋友们敦促我把这些写出来，既可作为校本培训资料又便于与同行们交流。有意义、有价值的供大家分享，是困惑是教训的，则共同探讨或引以为戒。

本书是在我发表过和未发表过的一些研究论文、教育教学经验、教改实验报告、读书笔记，在全国各地 100 多场演讲、参加学术活动的发言、教师及家长培训班讲稿等的基础上进行全方位思考，构建体系、充实内容撰写而成。在本书定稿时，欣闻本校自 2007 年 8 月开始探索建构素质教育背景下的现代化"新学堂"和致力于促进学生全面、主动、个性化健康成长的"成长新课堂"的实验已获全国教育科学规划领导小组批准，正式纳入"全国教育科学'十二五'规划课题"。这意味着肩头承载了更多的责任与担当，同时鞭策我们在新的起点上砥砺前行。

这本小书得以问世，凝聚着许多人的智慧和辛劳。忘不了北师大教授、前中国教育学会会长顾明远先生对学校和我个人的特别关注，谆谆教诲；忘不了国家督学、《人民教育》原主编傅国亮先生的鼓励与多次耐心指导和勉励扶植。两位先生的学养与人格都让我钦敬不已。

作为电子科技大学附属实验小学，对电子科大厚重博大的文脉传承，受"求实、求真"的科学精神的滋养和立德树人的优良教风的影响是附小持续发展的思想引领、行为示范和源源不竭的文化推动力。电子科大领导、院士和教授们经常性地到学校作学术报告，参与师生的各类教育教学活动。他们的悉心呵护、精心指导、鼎力支持，对于提升学校品质，促进我个人的成长至关重要，特致衷心的感谢。

四川省教育厅、成都市教育局、中共成华区委区政府、成华区教育局的领导在学校发展方针、政策扶持、学校设施建设、人员保障、品牌创建等多方面给予的关怀、鼓励、大力支持及在个人成长中提供学习、锻炼的机会，搭建交流与提升的平台，谨致诚挚的谢意。

感谢四川省教科所、成都市教科院、成华区教师进修学校及省市教育学会在理论学习、学术成长、教育科研诸多方面的指导、关心、激励与帮助。

感谢附小行政和全体教师这支优秀团队对我的支持与眷顾。没有他们用智慧和汗水创造出来丰富的理念和鲜活的实践案例，就不会有这本书的问世。

一本书的诞生，只是教育人生旅途中的一次小憩，前路漫漫，我将一直在路上。

康永邦

2014 年 4 月

主要参考文献

[1]（美）珍妮·H·巴兰坦等.教育社会学：系统的分析（第6版）[M].熊耕，等译.北京：中国人民大学出版社，2011.

[2] 教育部新闻办公室、中央教育科学研究所.对话教育热点2010[M].北京：教育科学出版社，2011.

[3] 杨启光.教育国际化进程与发展模式.北京：社会科学文献出版社，2011.

[4]（美）小威廉姆E·多尔.后现代课程观[M].王红宇，译.北京：教育科学出版社，2006.

[5] 刘旭.中小学现代管理典型案例解析[M].成都：四川出版集团、四川教育出版社，2008.

[6]（英）托尼·布什、雷斯·贝尔.好校长是这样炼成的[M].林丽玲，译.福州：福建教育出版社，2011.

[7]（法）埃德加·莫兰.复杂性理论与教育问题[M].陈一壮，译.北京：北京大学出版，2004.

[8] 孙喜亭.教育原理[M].北京：北京师范大学出版社，2001.

[9]（美）内尔·诺丁斯.幸福与教育[M].龙宝新，译.北京：教育科学出版社，2009.

[10]（美）亚伯拉罕·马斯洛.动机与人格[M].徐金声，等译.北京：中国人民大学出版社，2012.